高等院校经济学实验课程系列教材

EXCEL 统计基础分析

池洁如　赵慧卿　沈红丽　编著

南开大学出版社
天　津

图书在版编目(CIP)数据

EXCEL统计基础分析 / 池洁如，赵慧卿，沈红丽编著.
—天津:南开大学出版社,2015.4

高等院校经济学实验课程系列教材

ISBN 978-7-310-04792-5

Ⅰ.①E… Ⅱ.①池… ②赵… ③沈… Ⅲ.①表处理软件—应用—统计分析—高等学校—教材 Ⅳ.①C819

中国版本图书馆CIP数据核字(2015)第071357号

南开大学出版社出版发行

出版人:孙克强

地址:天津市南开区卫津路94号 邮政编码:300071

营销部电话:(022)23508339 23500755

营销部传真:(022)23508542 邮购部电话:(022)23502200

*

北京楠海印刷厂印刷

全国各地新华书店经销

*

2015年4月第1版 2015年4月第1次印刷

260×185毫米 16开本 7.25印张 2插页 170千字

定价:25.00元

如遇图书印装质量问题,请与本社营销部联系调换,电话:(022)23507125

目　录

第一章　EXCEL 常用统计分析工具介绍

在以信息技术作为主要的代表技术的现代生活中，我们每一天都需要进行信息的过滤和处理。一些重要的统计软件如 SPSS、SAS、EXCEL 等被越来越广泛地应用于数据的处理和分析。其中的 EXCEL 工具由于是微软 OFFICE 系统的一个主要组成部分，被广泛地加载安装于各种电脑。这种普遍性和使用的方便和快捷使得 EXCEL 成为最受欢迎的统计软件。

EXCEL 是通过电子表格方式进行数据录入、管理和分析的。其中涉及的统计分析工具主要有“数据分析”（包括“数据分析增值”功能），EXCEL 函数中的统计函数功能及统计图表功能三大块。

1. EXCEL 中的数据分析功能

在 EXCEL 的“数据”（或 2003 版 EXCEL“工具”）→“数据分析”中，有 19 种数据分析工具。从“方差分析：单因素方差分析”开始，到“Z-检验：双样本平均差检验”结束，如图 1-1 所示：

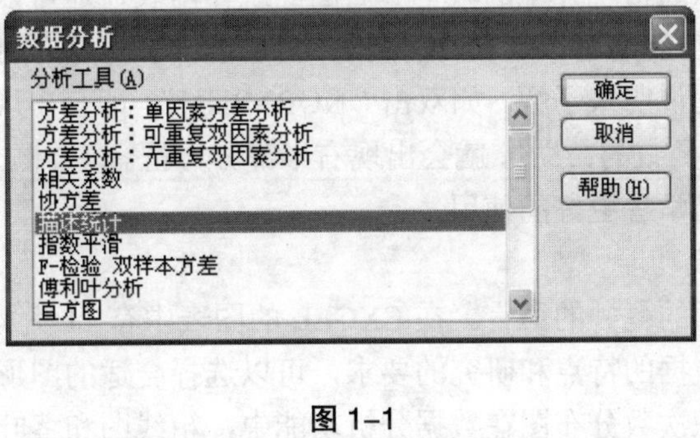

图 1–1

数据分析包括了很多统计分析的基本方法。如次数分配中的主要图形“直方图”，用简单的统计图表功能无法完成，需要使用这一功能。描述次数分配的一些基本特征值需要的“描述统计量”，统计预测中的“移动平均数”和“指数平滑”，相关与回归分析中的“回归”和“相关系数”等，都是统计学中广泛使用的基本方法。

2. EXCEL 的统计函数功能

在 EXCEL 的函数功能中，有 13 类函数以供使用。其中的“统计”函数功能使用它，可以帮助用户完成许多的统计计算，是一个非常有用的工具。

在标准工具栏中，单击“插入”→“函数”，就会出现插入函数对话框，在“或选择类别”下选择“统计”，如图 1-2 所示，即可选择所需的统计函数进行运算：

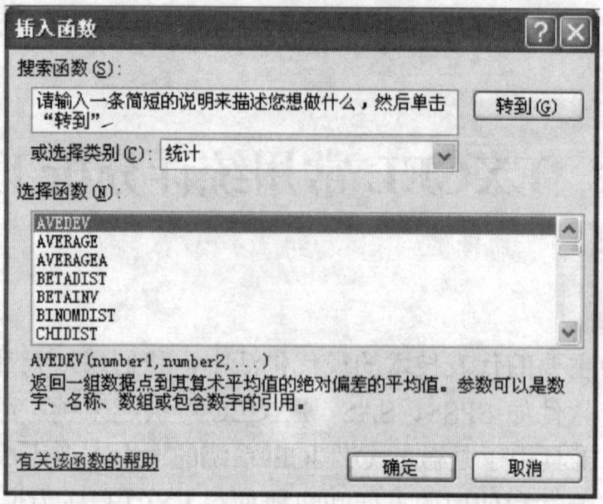

图 1–2

以上的统计计算功能，从“AVEDEV”（平均差）开始，到“ZTEST”（Z 检验）结束，有 80 多个函数计算功能。借助于这一功能，一些常用指标如平均数（AVERAGE）、标准差（STDEV）、中位数（MEDIAN）、众数（MODE）和分位数（PERCENTILE）等的计算就可以轻而易举地解决。此外，这一功能还涵盖了统计学中一些主要的分布，如二项分布、泊松分布、正态分布、T 分布等分布相应概率、或区间、或值的计算。可以说如果你熟练地掌握这些分布的使用，那么通常统计学的教科书后面的统计附表通通可以被你抛弃。

EXCEL 统计函数功能是对 EXCEL 的数据分析功能的补充。如果使用者不熟悉这些功能，可以借助于这个功能的说明来了解。如双击“NORMINV”，即会出现下图左边的方框，若再点击左下方的“有关该函数的帮助”，就会出现右半部分方框。该方框介绍了这个函数的意义，作用及用法等，帮助初学者更好的使用。

3. EXCEL 的图表功能

统计图表是统计学的曼妙的语言。在 EXCEL 的图表中有 11 大类的图表，其中包括 170 多个常用图表。根据数据的特点和研究的要求，可以选择合适的图形来描述。一些比较专业的图示如直方图及累积次数分布图在数据分析功能中，箱线图和茎叶图则可通过数据分析补充功能才能完成。

下面将结合教科书上的各个章节，详细地介绍 EXCEL 有关统计工具的使用。

第二章　统计数据的搜集、整理和显示

一、实验目的

用 EXCEL 中的统计图表功能和数据分析中的直方图，将统计数据用图形的形式呈现出来。主要包括饼图、条形图（包括分组条形图）、雷达图、线图、直方图、茎叶图和累积次数分布图等的绘制方法。

二、实验方法及步骤

在 EXCEL 中，进行图表制作主要使用图表向导、函数、数据分析和数据分析增值（Data Analysis Plus）的相关功能完成。其中，饼图的制作需要在原始数据的基础上使用函数中的相关功能对数据进行归类汇总，然后才能使用图表功能。直方图是反映变量数列分布的最常用和最基本的方法，需要使用数据分析中的直方图功能。茎叶图则需要使用 Data Analysis Plus。以下主要介绍几种重要统计图示的绘制方法和详细步骤。

实验 1　饼图（Pie Charts）

一张图胜似千言万语。统计图表是分析的基本工具。一张好的统计图表，往往胜过冗长的文字表述。统计图形有很多种，以下主要介绍如何使用 EXCEl 做饼图、条形图、直方图、累计次数分布图和茎叶图。我们首先从饼图开始。

饼图也称圆形图，是用圆形及圆内扇形的面积来表示数值的大小的图形。饼图主要用于表示总体中各组成部分所占的比例，适用于分类数据（Nominal Data）。这种图形对于我们研究结构性的问题十分有用。

【例 2-1】一家广告公司受委托拟投放以在校大学生为受众的广告。广告公司认为这一广告适合在综艺节目中播出。经过初选，广告公司认为其中几种最受大学生欢迎的综艺节目有：快乐大本营、职来职往、男左女右、一站到底、天天向上等。广告公司委托调查公司在某市大学生中开展了名为“我最喜爱的综艺节目”的调查以决定最终入围的综艺节目。调查人员随机抽取了 200 名在校大学生进行了记录。如果用数字 1、2、3、4、5 分别代表以上的快乐大本营、职来职往、男左女右、一站到底、天天向上等各档综艺节目，用 6 来代表其他综艺节目，则其调查结果如表 2-1 所示：

表 2–1

6 1 3 4 1 1 1 4 1 4 5 2 1 4 1 1 4 1 3 4 5 1 4 1 3 1 1 3 1 3 5 6 1 6 1 2 5 6 1 6 1 3 1 5 1 6 2 6 2 1 5
6 5 1 6 3 6 1 6 1 2 1 3 6 2 1 6 1 6 1 6 4 1 3 1 6 1 6 1 2 6 6 3 2 6 4 6 1 2 6 1 5 6 1 3 1 2 2 1 3 6
1 1 1 2 4 1 4 2 4 5 3 5 4 1 1 4 2 3 4 5 1 4 1 3 2 4 3 1 2 5 3 4 4 1 2 4 2 3 4 6 1 4 1 3 2 4 3 1 2 5
6 2 1 3 2 5 6 1 6 1 6 1 5 1 1 6 1 2 2 6 4 3 3 1 6 1 6 6 2 6 1 3 2 6 4 6 1 2 1 6 5 6 1 3 6 3 3 1 3 6 3

以上表格的数据存入 EXCEL 文件附表 2-1 中。

实验要求：根据以上调查结果进行分类汇总并以“我最喜爱的综艺节目”为标题做一个饼图。

下面给出使用 EXCEL 做出饼图的步骤：

（1）在新的 EXCEL 文档中输入以上 200 个数据，或打开附表 2-1。

（2）点击函数功能，即 f_x，在“或选择类别”中，选择“统计”，如图 2-1。

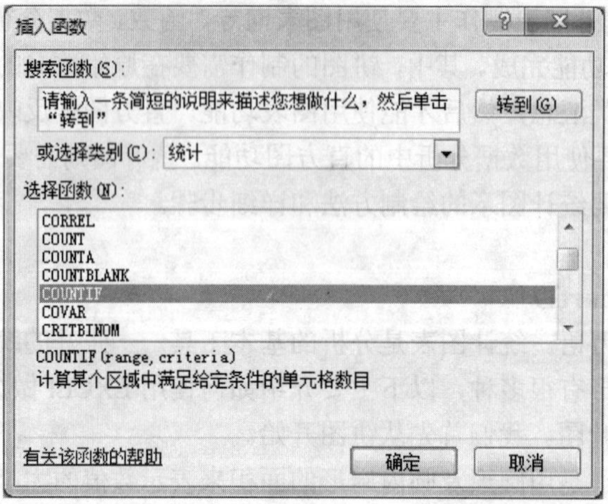

图 2–1

（3）选定功能 COUNTIF，点击确定，即弹出对话框，如图 2-2。

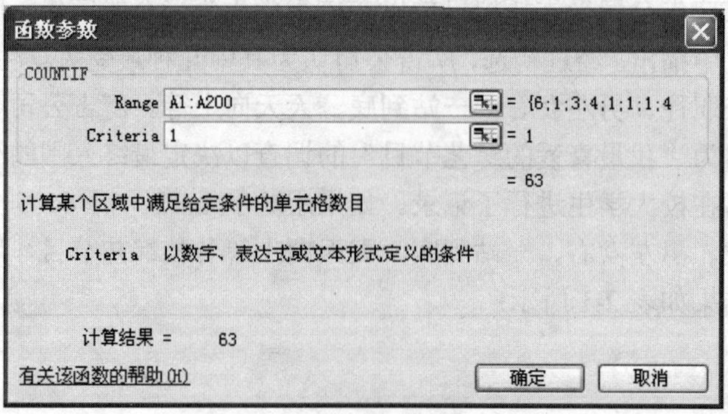

图 2–2

（4）在以上的对话框里的 range 中输入 A1：A200，在 criteria 中输入 1，可得选择快乐大本营的学生人数为 63，依次输入 2、3、4、5、6，可得 EXCEl 的分类结果如表 2-2：

表 2–2

1	快乐大本营	63
2	职来职往	27
3	男左女右	29
4	一站到底	25
5	天天向上	16
6	其他	40

（5）选定图形中的饼图，在数据区域中将表 2-2 的内容选定输入，如图 2-3。

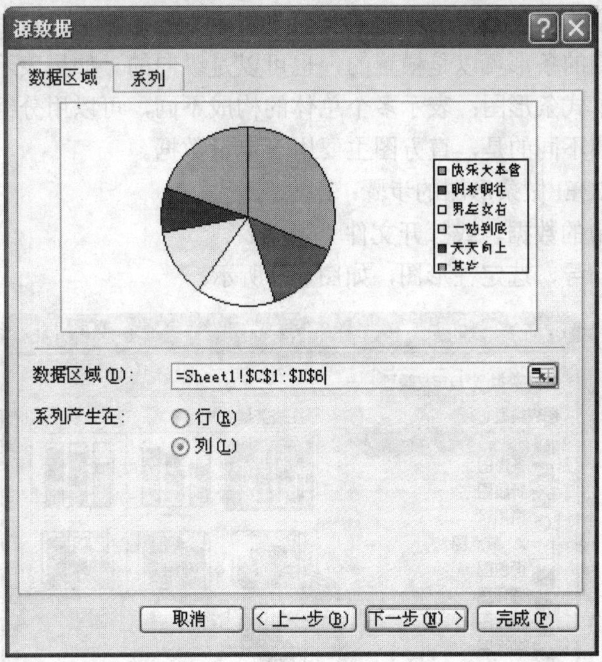

图 2–3

（6）在“图标标题（T）”中填入：我最喜爱的综艺节目。
（7）点击“数据标志”中的“类别”和“百分比”，删去图例即可得图 2-4。

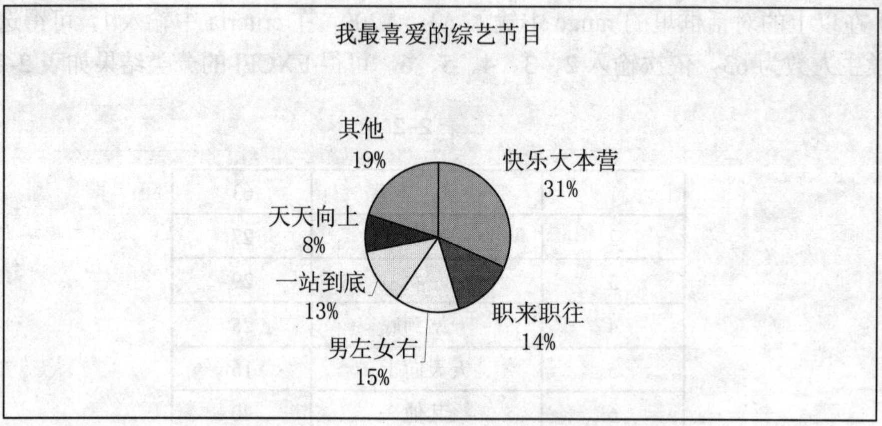

图 2–4

实验 2　条形图（Bar Charts）

条形图是用宽度相同的条形的高度或长短来表示数据的图形。与饼图一样，它主要适用于定性数据。条形图的条形可以是横置的，也可以是纵向的。如果表示单个总体中各个部分的数值的不同，用单式条形图；表示多个总体的构成不同，可以用分组条形图。条形图与直方图相近。与条形图不同的是，直方图主要用于定量数据。

下面给出用 EXCEl 做条形图的步骤：

（1）输入例 1 中的数据，或打开文件“表 2-2”。

（2）点击图表向导，选定柱形图，如图 2-5 所示。

图 2–5

（3）在数据区域选定实验 1 中已经汇总的数据，即表 2-2 中的后两栏，对图形的各部分进行相应的调整或修饰后即可得图 2-6：

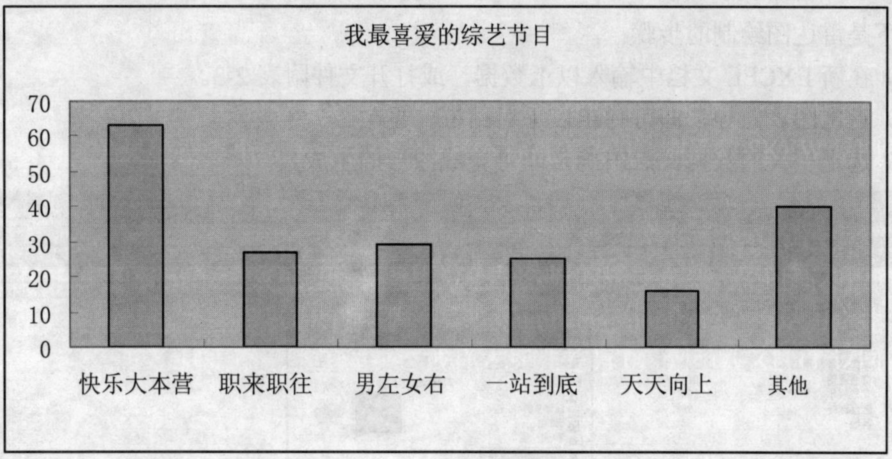

图 2–6

通过以上图形可以发现，条形图与饼图的作用略有不同，饼图主要用于说明单个总体的构成，饼图可以更清晰地表现出哪个部分占的比重最大。而条形图主要是条形来比较各个部分数值的高低。图 2-6 清晰地表示，选择快乐大本营这一节目的学生最为集中，其条形最高，大大高于其他几个综艺节目。

实验 3　雷达图（Radar Charts）

雷达图又称蛛网图，它在显示或对比多个变量的数值大小不同时十分有用。因为当变量或指标只有两个时，可以用平面直角坐标进行绘图，当有三个变量时，虽然可以用三维坐标绘图，但让人看起来就很不方便，如果变量多于三个，利用一般的点图就很难做到了。雷达图是多指标图示的一种主要方法。

【例 2-2】表 2-3 是我国 2012 中国统计年鉴中的 2011 年我国城乡居民的各项生活费用支出数据，试根据这一资料绘制雷达图。

表 2–3

平均每人现金消费支出（元）	15160.89
食　品	5506.33
衣　着	1674.70
居　住	1405.01
家庭设备及用品	1023.17
交通通信	2149.69
文教娱乐	1851.74
医疗保健	968.98
其他	581.26

资料来源：2012 年中国统计年鉴网络版。

以下是雷达图绘制的步骤：

（1）在新 EXCEL 文档中输入以上数据，或打开文件附表 2-3。

（2）点击图表向导，即可弹出以下对话框，见图 2-7。

（3）选定相关的数据，点击确定即可完成图形的生成。

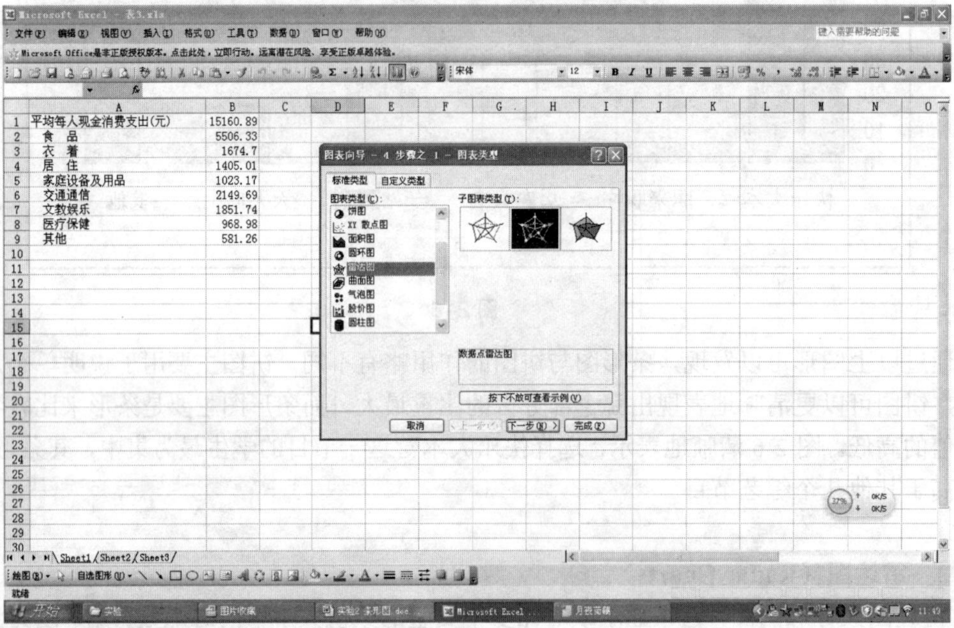

图 2–7

4. 在图表选项中加上图形标题“我国居民的消费分类”，并对图形做适当修饰，如去掉横向的网格线等以使图形更为简洁美观，即可得到如图 2-8 所示的雷达图：

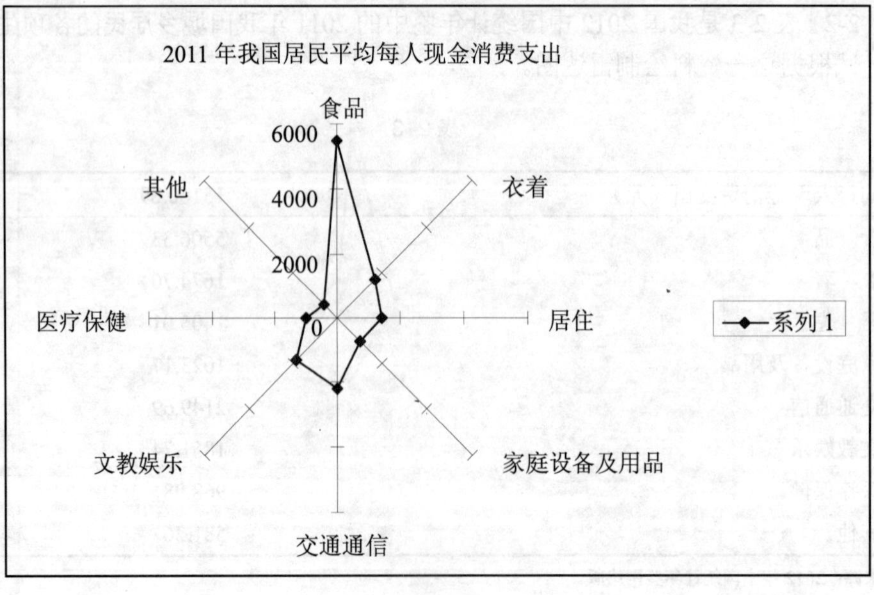

图 2–8

以上雷达图显示了我国 2011 年的居民现金消费构成的八个类别的支出情况。从图 2-8 可以清晰地看到在所有的类别中，食品开支是其中最大的一项，全年每人平均水平接近 6 千元，其次是交通通讯，超过 2 千元，其他项花费则最少。

实验 4 分组条形图（Grouped Bar Charts）

饼图是用来说明总体构成的最好图形。但是如果要表现多个总体的构成，用一个单一的饼图无法完成，需要做多个饼图才能完成对比。这样做的结果是费时费力，而且由于需要多个饼图放在一起，对比的效果也不是十分明显。如果使用分组条形图，则可以在一张图形上完成多个不同总体的构成的比较，是一个不错的选择。

【例 2-3】以下表 2-4 是我国 2003 年和 2012 年名义 GDP 的构成资料，试以“2003 年与 2012 年我国 GDP 构成之比较”为题做一分组条形图来表示我国 GDP 的构成变化。

表 2–4

按行业分组	增加值（亿元）	
	2003 年	2012 年
第一产业	20,744	52,377
第二产业	72,387	235,319
第三产业	43,384	231,626

资料来源：根据国家统计局各年统计公报整理。

以下是分组条形图的绘制步骤（如图 2-9）：

（1）在 EXCEL 新文档中输入以上数据，或打开文件附表 2-4。

（2）点击图表向导。

（3）点击柱形图，选择第三种图示即分组条形图。

图 2–9

（4）在数据区域输入 A1:C4，“系列产生在”选“行”，如图 2-10 所示。

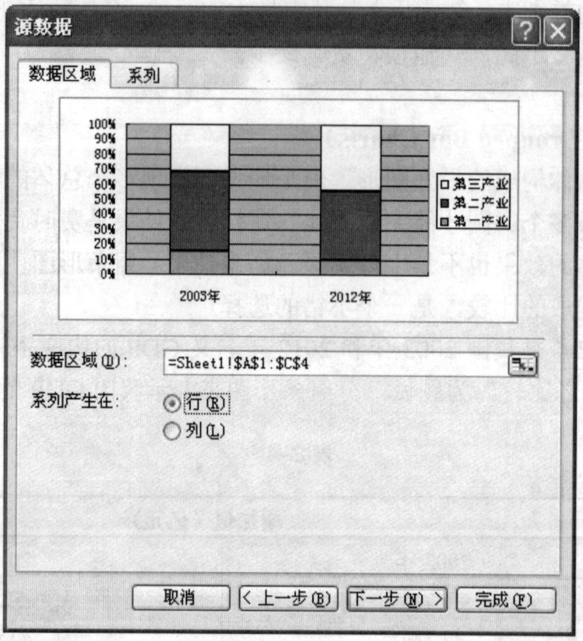

图 2–10

（5）使用图表选项对图形进行适当的整理，如加上标题、去除网格线等，修改比重显示单位等即可得图 2-11。

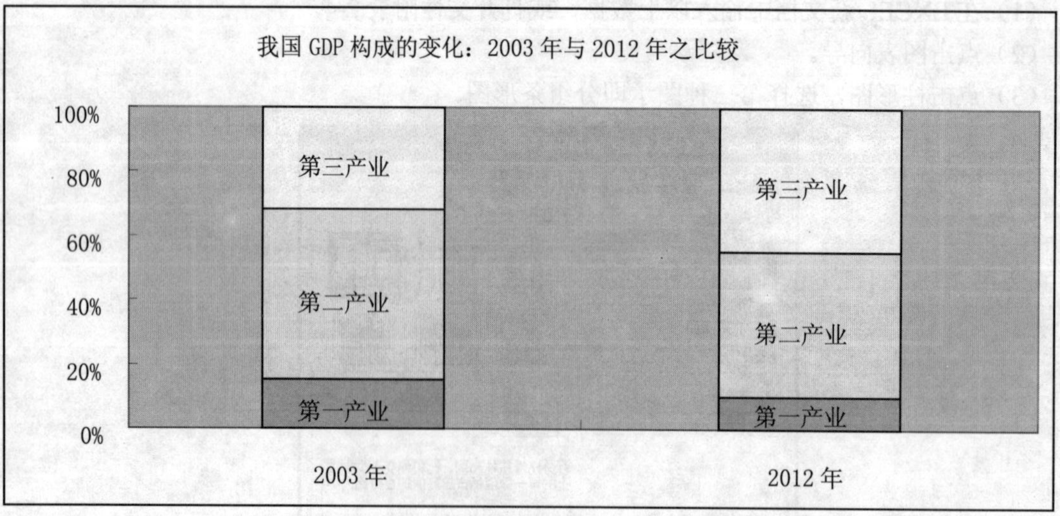

图 2–11

从图 2-11 可以清晰地反映出 2003 年和 2012 年我国的三次产业构成的变化。2012 年的第三产业即服务业所占比重比 2003 年有了明显提高，中间的第二产业制造业虽然仍然是我国国民经济中的支柱产业，所占比重最大，但是相比 2003 年有所下降。第一产业产值的比重也有所下降。

从上例可以看出，当需要对多个不同的总体的构成情况进行比较的时候，分组条形图是一个比较好的选择。

实验 5　直方图（Histogram）

直方图是反映次数分布最重要的图形，尤其是针对分组数据而言。一些统计计算就是建立在直方图的基础之上。直方图主要适用于定量数据中的分组数据，它是用矩形的宽度和高度来表示频数分布的情况。与条形图不同，直方图的各矩形通常是连续排列，而条形图则是分开排列。

【例 2-4】表 2-5 是某班 35 个同学统计学考试成绩记录。试用直方图表示该班级统计学考试的分布情况。

表 2–5

74	83	71	85	79	88	54	68	72	51	68	78	77	73	64
82	64	75	75	88	84	86	77	48	68	65	61	72	58	
96	67	92	75	72	79									

上表数据已存于 EXCEL 文件附表 2-5 中。

下面给出做直方图的步骤：

（1）将上表数据输入 EXCEL 新建文档，或打开文件附表 2-5。

（2）在 B1 位置输入“各组上限”，在 B2 到 B7 分别输入 50，60，70，80，90，100。

（3）点击“工具”→“数据分析”→“直方图”，点击确定，即可弹出如下对话框，如图 2-12。

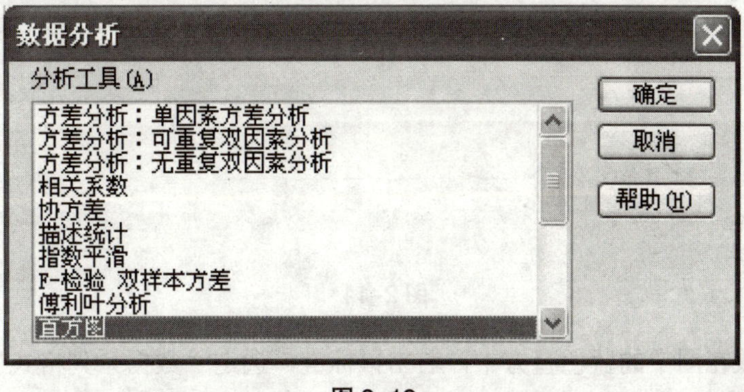

图 2–12

（4）在输入区域输入成绩栏的数据，即 A2：A36，在接收区域输入各组上限，即 B2：B7，可以将输出区域设置在相同一页的其他栏，如 C1，在图表输出处挑勾，如图 2-13 所示：

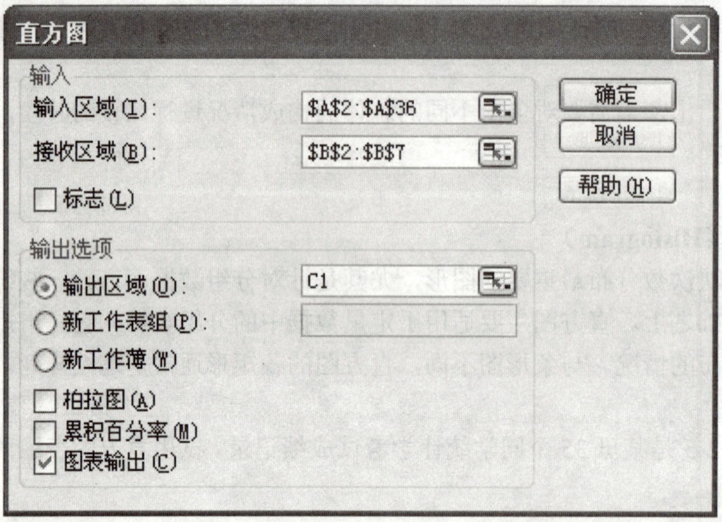

图 2-13

完成以上操作后即可得到图 2-14：

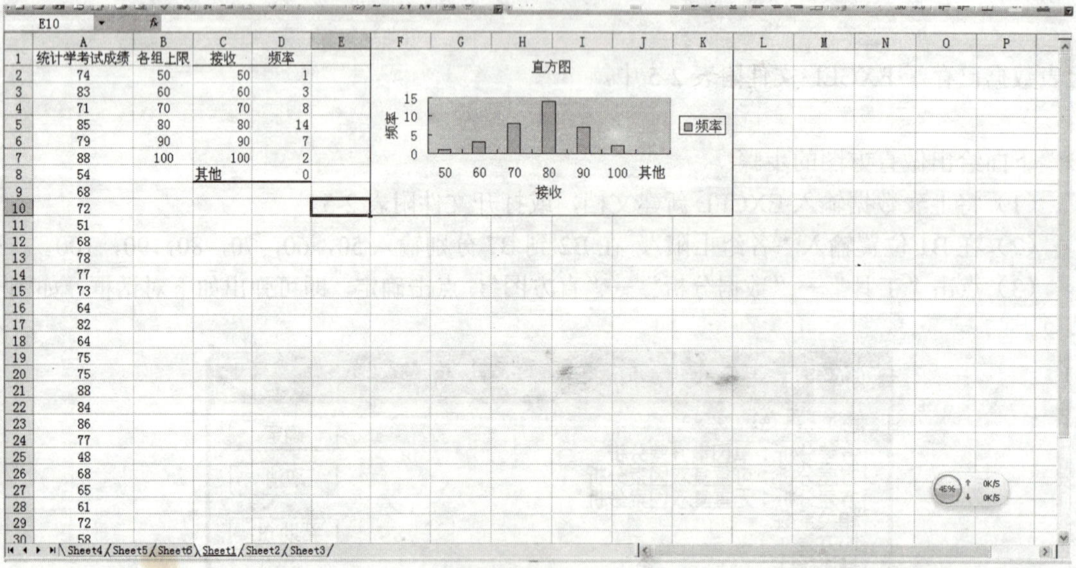

图 2-14

（5）将鼠标放在图中的蓝色直方中，右击鼠标键，选定“数据系列格式”。

（6）点击“选项”，将分类间距降为 0，加上标题即可得到图 2-15。

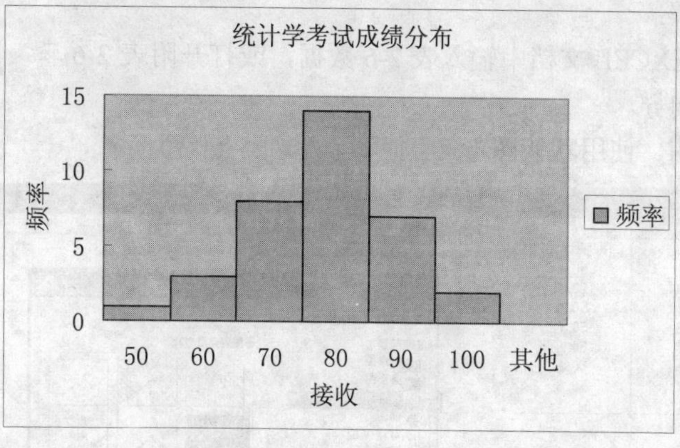

图 2–15

在做上图的时候，将各直方之间的间隔降为 0 时，注意一定要将鼠标放到图中的蓝色直方中，单击右键才可以弹出相关功能。

以上图形显示，此次统计学考试接近正态，70 到 80 分组次数分布最为集中，约有 14 个同学的考试成绩在这一区间。同时次数较为集中的组别还有 60～70 组和 80～90 组。

实验 6　线图（Line Charts）

线图主要用于显示时间数据，以反映事物发展变化的规律和趋势。反映单个现象的变动可用单一线条表示，反映多个现象的变动可用多条线条表示。

【例 2-5】采购经理指数（PMI），是通过对企业采购经理的月度调查结果统计汇总、编制而成的指数，它涵盖了企业采购、生产、流通等各个环节，是国际上通用的监测宏观经济走势的先行性指数之一，具有较强的预测、预警作用。PMI 通常以 50%作为经济强弱的分界点，PMI 高于 50%时，反映制造业经济扩张；低于 50%，则反映制造业经济收缩。但是对应于我国制造业的 PMI，现在我国国内有两个人们常引用的 PMI，一个是汇丰（HSBC）制造业 PMI，另一个则是国家统计局的 PMI。这两个数据由于资料采集的方法和渠道不同，数据常有冲突。表 2-6 就是 2013 年 1～8 月的汇丰 PMI 和国家统计局的 PMI 数据，试用线图的形式显示。

表 2–6

月份	汇丰 PMI	国家统计局 PMI
1	51.9	50.4
2	50.4	50.1
3	51.7	50.9
4	50.5	50.6
5	49.6	50.8
6	48.3	50.1
7	47.7	50.3
8	50.1	51.0

以下是实验步骤：

（1）在新建的 EXCEL 文档中输入表 2-6 数据，或打开附表 2-6。

（2）点击图表向导。

（3）点击折线图，使用默认图形。

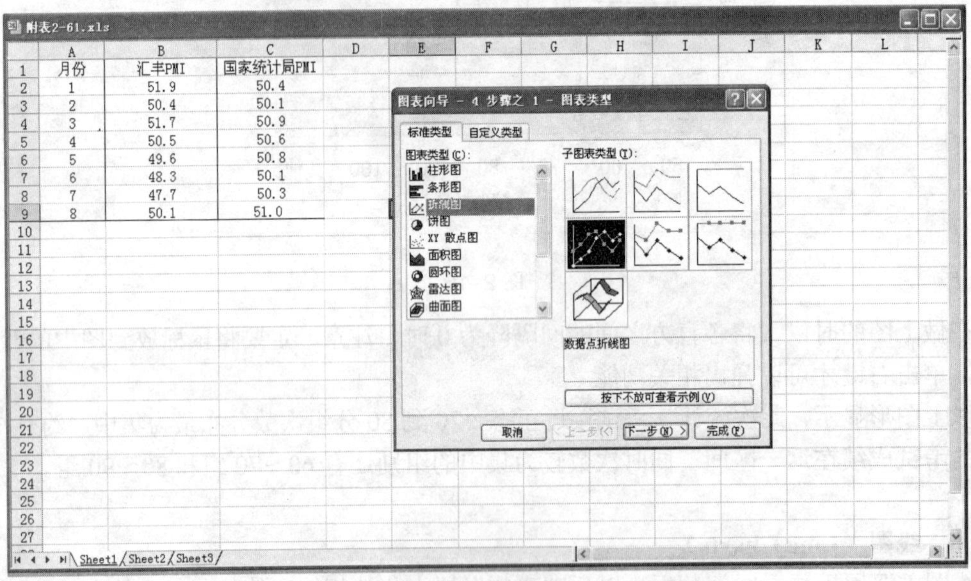

图 2–16

（4）点击下一步，在弹出的对话框图表向导步骤 2 中的“数据区域”中输入 B1：C9。

（5）点击下一步，将图例置于顶部，即可得到图形 2-17。

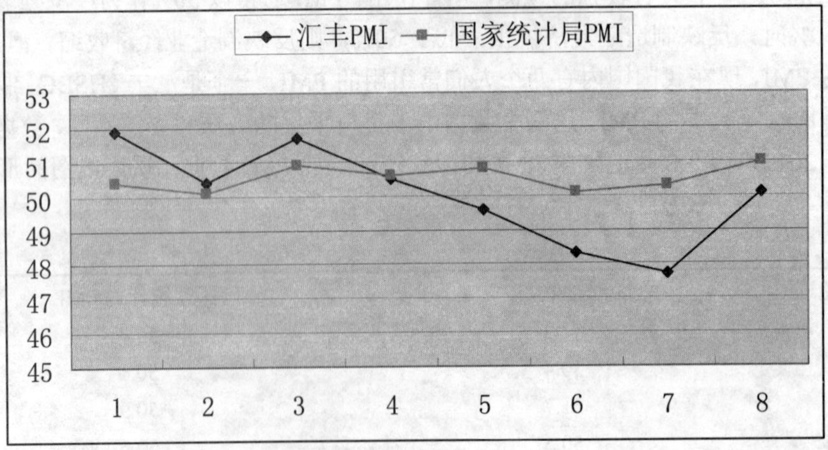

图 2–17

图 2-17 显示出国家统计局的 PMI 数据变动趋势较为平缓，汇丰 PMI 起伏更大。两个数据差距最大的是 7 月份，国家统计局数据显示该月 PMI 数据高于 50，位于枯荣线上方，而

汇丰数据却大大低于 50，不到 48，位于枯荣线下方。

实验 7 茎叶图（Stem-and-leaf Display）

茎叶图虽然称为图，但严格地讲，它不是图形而是一种显示方法。它可以与直方图结合，更好地观察数据的分布特征。因为直方图可以很好地揭示一组数据的分布特征，但它没有给出原始的数值。茎叶图的优点在于它既能给出数据的分布状况，又能给出每一个原始数值。此外，根据茎叶图我们还可以得到这组数据的极差，也可以观察它的分布有无偏态。

实验步骤：

（1）输入表 2-5 数据，或打开附表 2-5。

（2）点击工具→data analysis plus→stem and leaf display→ok。

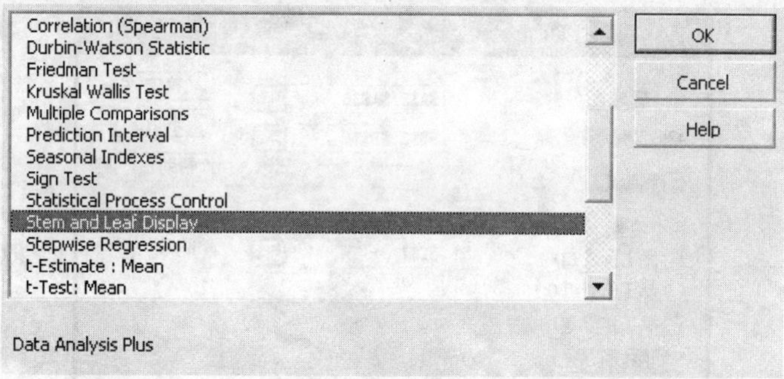

图 2–18

（3）在后面弹出的对话框中的 input range 输入 A2：A36，点击 OK，即可得到以下显示的茎叶图输出结果（见表 2-7）。

表 2–7

Stem & Leaf Display

Stems	**Leaves**
4	->8
5	->148
6	->14457888
7	->12223455577899
8	->2345688
9	->26

以上的茎叶图示很清楚地显示出 70～80 这一区间的成绩最多，其次分别是 60～70 和 80～90 组，成绩分布接近正态，最低分数为 48 分，最高分数为 96 分，略呈负偏，也即多数人的成绩集中于偏高的这一边。

相对于直方图而言，茎叶图示能够直观地了解所有原始的数据，这是它优于直方图的地方。

实验 8　累积次数分布图

累积次数分布图是用来反映次数（或频数）累计情况的图形，像经济学里的洛伦茨曲线就是累积次数分布图。可以分为向上累计和向下累计。累积次数分布图通常可以用来研究某一类数值在总体中分布的均衡性。洛伦茨曲线反映的是财富在各个不同的收入水平的组别中的分布均衡性情况，据此计算的基尼系数用来反映分配的公平程度。如果是按城市的人口密度做出的人口分布的累计次数分布图，则可反映人口在全国分布的均衡性。同理也可用于反映土地和工资等一些要素收入的分配是否公平。

累积次数分布图可以在实验 4 直方图的基础上直接绘制：

（1）将表 2-5 的数据输入 EXCEL 新建文档，或打开文件附表 2-5。

（2）点击工具→数据分析→直方图即可弹出以下对话框。

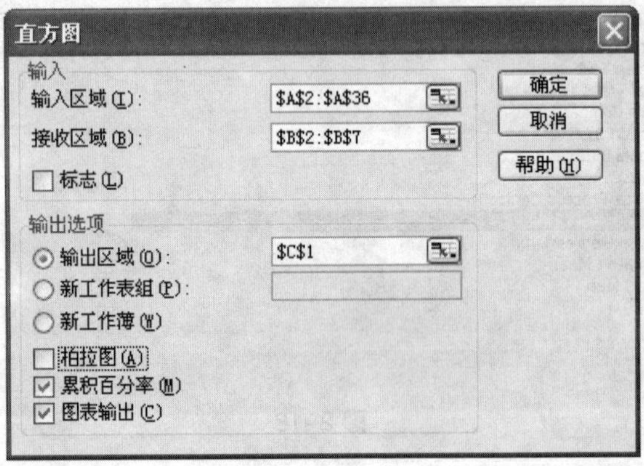

图 2–19

也就是说，在做直方图的时候，在对话框的“累计百分比”的选项上挑勾，即可得到累积次数分布图。

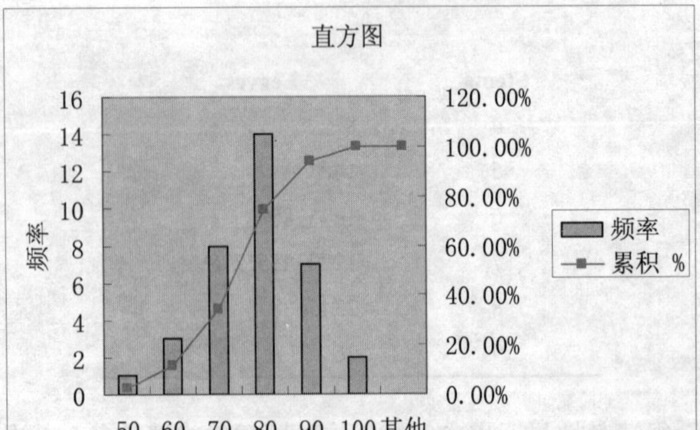

图 2–20

上图中的累积分布曲线即向下累积次数分布图。从以上累积分布图可以观察到在任一标志值以下累计有多少的总体单位数发生。左边的单位是频数，即某一成绩区间的人数。右边则为累积频率，它可以表示在某个值以下总共有多大比重发生。比如，从图 2-20 可以看出，80 分以下的横向累积频率大约为 80%，即 80 分以下的学生比重约为 80%。

第三章　分布数量特征的统计描述

实验 1：EXCEl 中的统计函数：算术平均数，中位数，众数，几何平均数，四分位数，标准差，偏度，峰度

一、知识介绍

1．算术平均数

算术平均数是用总体单位的标志值总量除以总体单位数得出的，表明总体各单位标志值的平均水平。它是计算平均指标最常用的方法和最基本的形式。用公式表示如下：

$$算术平均数=\frac{总体标志总量}{总体单位数}$$

在实际中，由于所掌握资料的条件不同，计算算术平均数有简单算术平均数和加权算术平均数两种形式。简单算术平均数适用于未分组资料，用总体各单位标志值简单加总得到的标志总量除以单位总量而得。计算公式如下：

$$\overline{x}=\frac{\sum_{i=1}^{N}x_i}{N}$$

加权算术平均数适用于分组资料，并得到次数分布的条件。计算公式如下：

$$\overline{x}=\frac{\sum_{i=1}^{N}x_i f_i}{\sum_{i=1}^{N}f_i}$$

式中，x_i 为各组组中值，f_i 为各组标志值出现的次数。这里主要介绍简单算术平均数的计算。

2．中位数

中位数是将数据排序后，处于数列中点位置上的数。中位数的概念表明，在总体中，标志值小于中位数的单位占一半，标志值大于中位数的单位也占一半。用中位数来代表总体标志值的一般水平，可以避免数列中极端值的影响，对某些社会经济现象更具有代表性。

3．众数

众数是一组数据中出现次数最多的数。正由于其出现次数最多，在总体中占有重要地位，有时就利用它来表明社会经济现象的一般水平，而有时也可以用它来作为某些生产决策的参考依据。

4．几何平均数

几何平均数是 n 个变量值乘积的 n 次方根。几何平均数一般应用于具有等比趋势数列的平均数，因为这时标志值总量等于各标志值的连乘积。在社会经济现象中，许多现象变化的总比率或总速度常常是各项比率或各项速度的连乘积，所以要用几何平均数计算平均比率或平均发展速度。几何平均数也有简单几何平均数和加权几何平均数两种。简单几何平均数就是 n 个标志值连乘积的 n 次方根，计算公式如下：

$$G=\sqrt[n]{x_1\cdot x_2\cdots x_n}$$

加权几何平均数是各标志值 f_i 次方的连乘积的 $\sum_{i=1}^{n}f_i$ 次方根，计算公式如下：

$$G=\sqrt[\sum_{i=1}^{n}f_i]{x_1^{f_1}\cdot x_2^{f_2}\cdots x_n^{f_n}}$$

5．四分位数

四分位数是一组数据排序后，处于 25%和 75%位置上的数。四分位数是通过 3 个点将全部数据等分为四部分，其中每部分包含 25%的数据。

6．标准差

标准差是方差的平方根，方差是各变量值与其平均数离差平方的平均数。这两个特征数能较好地反映出数据的离散程度，是实际中应用最广的离散程度测度值。标准差也有简单式和加权式两种，分别为：

$$s=\sqrt{\frac{\sum_{i=1}^{n}(x_i-\overline{x})^2}{n-1}}，\quad s=\sqrt{\frac{\sum_{i=1}^{k}(M_i-\overline{x})^2 f_i}{n-1}}$$

7．偏度

偏度是对数据分布对称性的测度，用三阶中心动差除以标准差的三次方来度量。用公式表示为：

$$\alpha=\frac{U_3}{\sigma^3}=\frac{\sum_{i=1}^{N}(x_i-\overline{x})^3 f_i}{\sigma^3\sum_{i=1}^{N}f_i}$$

偏度系数小于 0 为负偏（左偏），大于 0 为正偏（右偏），等于 0 为对称分布。

8．峰度

峰度是对数据分布平峰和尖峰程度的测度，用四阶中心动差除以标准差的四次方，并将结果再减去 3 来度量。用公式表示为：

$$\beta=\frac{U_4}{\sigma^4}-3=\frac{\sum_{i=1}^{N}(x_i-\overline{x})^4 f_i}{\sigma^4\sum_{i=1}^{N}f_i}-3$$

峰度系数小于 0 为平峰分布，大于 0 为尖峰分布，等于 0 为对称分布。

二、实验目的

熟悉 EXCEl 中的统计函数，掌握其基本操作方法，能够运用 EXCEl 对数据进行简单描述统计分析。

三、实验步骤

1．算术平均数

利用 EXCEl 中的 AVERAGE 函数可以计算参数的算术平均数，参数可以是数值或包含数值的名称、数组或引用。点击[插入]→[函数]，调出“插入函数”对话框，选择 AVERAGE 函数，其中 number1，number2，…是用于计算平均值的 1～30 个数值参数。

2．中位数

利用 EXCEl 中的 MEDIAN 函数可以计算一组数值型数据的中位数。点击[插入]→[函数]，调出“插入函数”对话框，选择 MEDIAN 函数，其中 number1，number2，…是用于计算中值的 1～30 个数值。如果一组数据中包含偶数个数字，则该函数返回位于中间的两个数的平均值。

3．众数

利用 EXCEl 中的 MODE 函数可以计算一组数值型数据的众数。点击[插入]→[函数]，调出“插入函数”对话框，选择 MODE 函数，其中 number1，number2，…是用于计算众数的 1~30 个参数，也可以使用单一数组（即对数组区域的引用）来代替由逗号分隔的参数。如果一组数据中不含有重复的数据，则该函数返回错误值 N/A。

4．几何平均数

利用 EXCEl 中的 GEOMEAN 函数可以计算一组数值型数据的几何平均数。点击[插入]→[函数]，调出“插入函数”对话框，选择 GEOMEAN 函数，其中 number1，number2，…是用于计算平均数的 1～30 个参数，也可以不使用这种用逗号分隔参数的形式，而用单个数组或数组引用的形式。如果任何数据点小于 0，则该函数返回错误值＃NUM!。

5．四分位数

利用 EXCEl 中的 QUARTILE 函数可以计算一组数值型数据的四分位数。点击[插入]→[函数]，调出“插入函数”对话框，选择 QUARTILE 函数，其中 array 为需要求得四分位数值的数组或数字的单元格区域。quart 决定返回哪一个四分位值。如果 quart 等于 0，函数 QUARTILE 返回最小值；如果 quart 等于 1，函数 QUARTILE 返回第一个四分位数；如果 quart 等于 2，函数 QUARTILE 返回第二个四分位数，即中位数；如果 quart 等于 3，函数 QUARTILE 返回第三个四分位数；如果 quart 等于 4，函数 QUARTILE 返回最大值。

6．标准差

利用 EXCEl 中的 STDEV 函数可以计算一组数值型数据的样本标准差。点击[插入]→[函数]，调出“插入函数”对话框，选择 STDEV 函数，其中 number1，number2，…是样本的 1～30 个参数。如果是总体数据，则应该使用函数 STDEVP。

7. 偏度

利用 EXCEl 中的 SKEW 函数可以计算一组数值型数据的偏度系数。点击[插入]→[函数]，调出“插入函数”对话框，选择 SKEW 函数，其中 number1，number2，…是用于计算偏度的 1～30 个参数。如果数据点个数小于 3 个，或样本标准差为 0，则函数 SKEW 返回错误值＃DIV/0!。

8. 峰度

利用 EXCEl 中的 KURT 函数可以计算一组数值型数据的峰度系数。点击[插入]→[函数]，调出“插入函数”对话框，选择 KURT 函数，其中 number1，number2，…是用于计算峰值的 1～30 个参数。如果数据点个数小于 4 个，或样本标准差为 0，则函数 KURT 返回错误值＃DIV/0!。

四、实验例题

【例 3-1】某班 40 名学生的统计学考试成绩如表 3-1，试计算其算术平均数，中位数，众数，几何平均数，四分位数，标准差，偏度，峰度。

表 3–1

40	44	44	48	51	52	52	54	56	57
57	57	58	59	60	61	63	64	66	68
70	70	71	74	74	79	81	82	83	83
84	91	91	94	95	96	97	99	100	100

1. 算术平均数

将数据录入 EXCEl 工作表中的 A1 到 A40 单元格内，点击[插入]→[函数]，调出“插入函数”对话框，选择 AVERAGE 函数，如图 3-1：

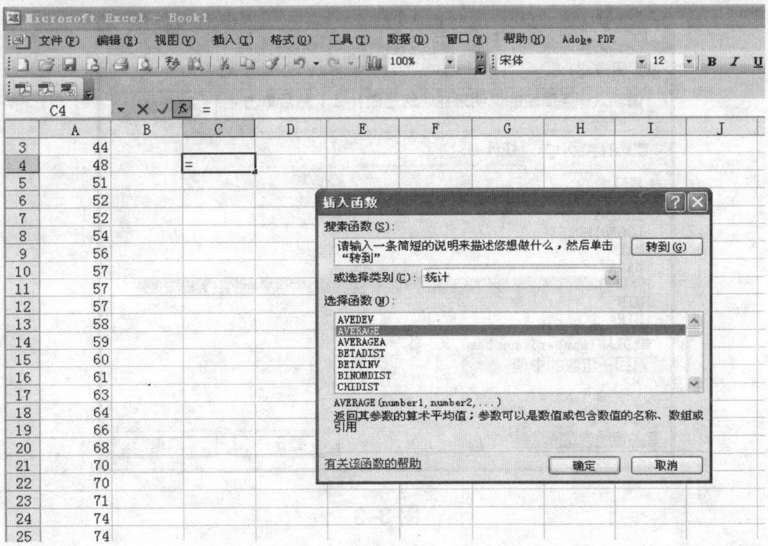

图 3–1

点击确定后，调出“函数参数”对话框，输入区域：A1：A40，如图 3-2：

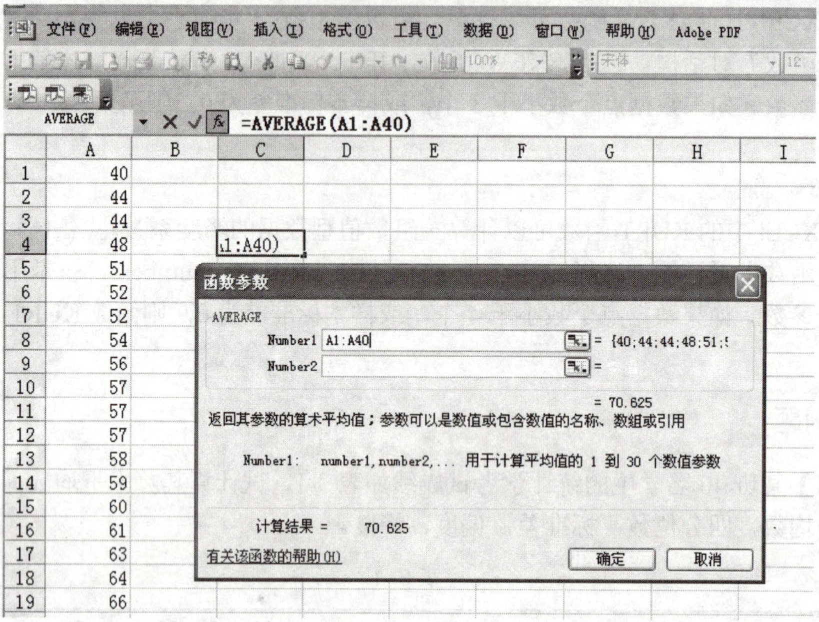

图 3–2

点击确定后，输出结果为 70.625。

2．中位数

将数据录入 EXCEl 工作表中的 A1 到 A40 单元格内，点击[插入]→[函数]，调出“插入函数”对话框，选择 MEDIAN 函数，如图 3-3：

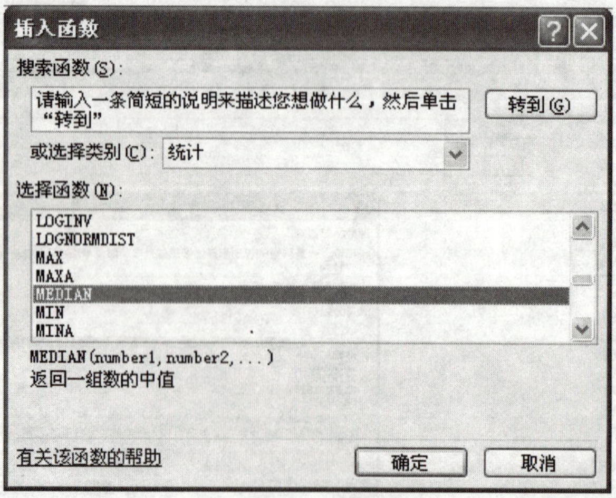

图 3–3

点击确定后，调出“函数参数”对话框，输入区域：A1：A40，如图 3-4：

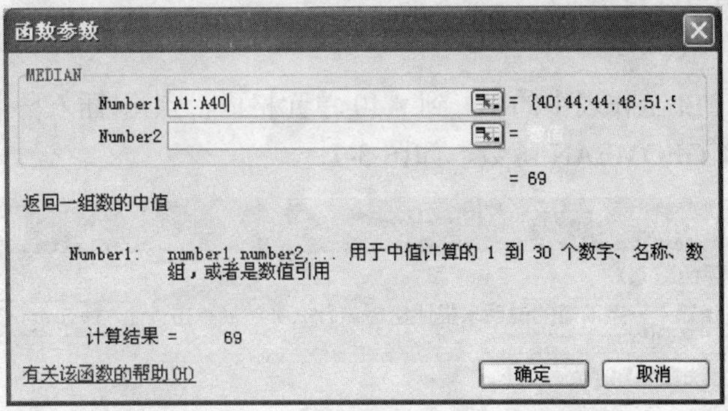

图 3–4

点击确定后，输出结果为 69。

3．众数

将数据录入 EXCEl 工作表中的 A1 到 A40 单元格内，点击[插入]→[函数]，调出“插入函数”对话框，选择 MODE 函数，如图 3-5：

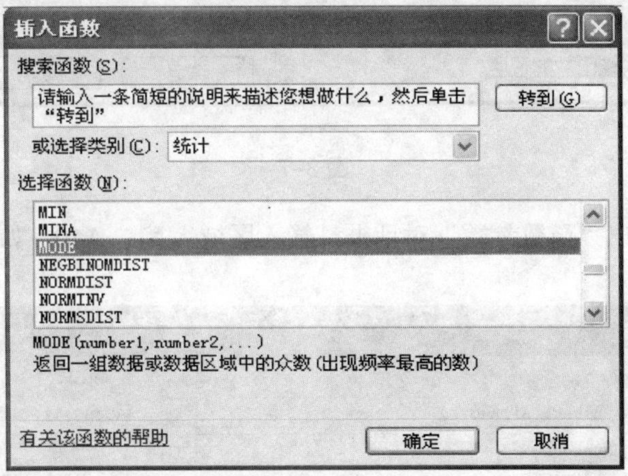

图 3–5

点击确定后，调出“函数参数”对话框，输入区域：A1：A40，如图 3-6：

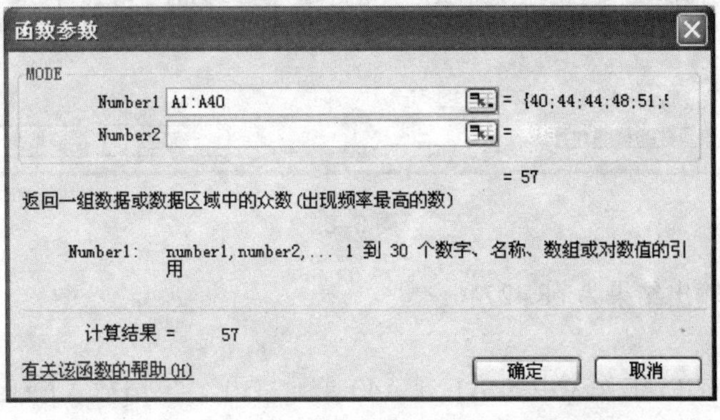

图 3–6

点击确定后，输出结果为 57。

4．几何平均数

将数据录入 EXCEl 工作表中的 A1 到 A40 单元格内，点击[插入]→[函数]，调出“插入函数”对话框，选择 GEOMEAN 函数，如图 3-7：

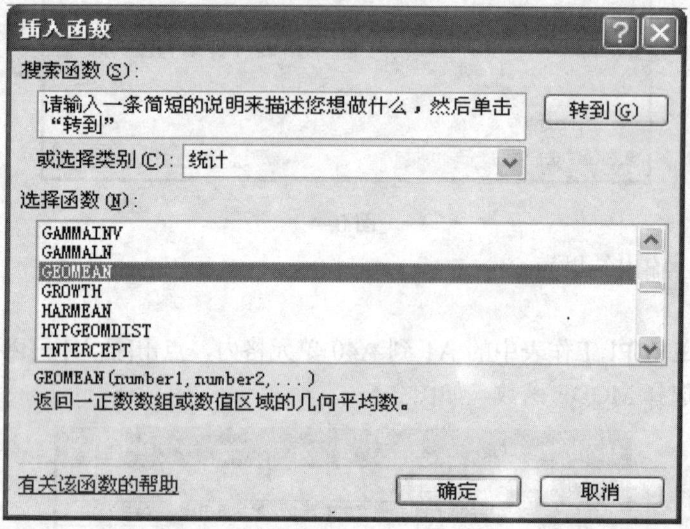

图 3–7

点击确定后，调出“函数参数”对话框，输入区域：A1：A40，如图 3-8：

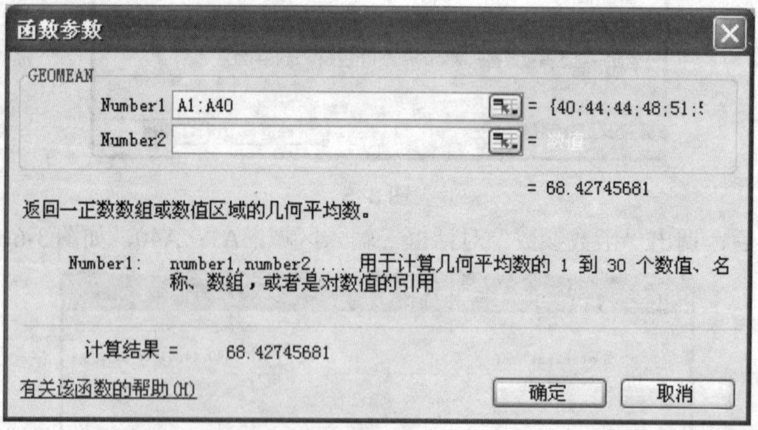

图 3–8

点击确定后，输出结果为 68.42746。

5．四分位数

将数据录入 EXCEl 工作表中的 A1 到 A40 单元格内，点击[插入]→[函数]，调出“插入函数”对话框，选择 QUARTILE 函数，如图 3-9：

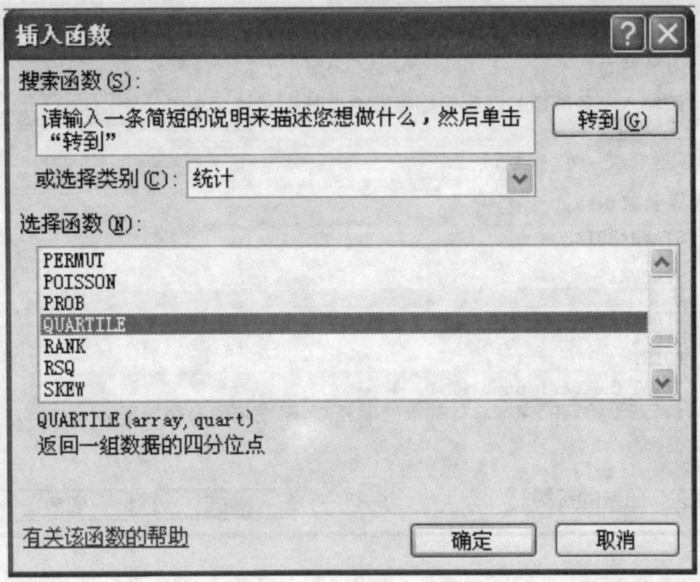

图 3–9

点击确定后，调出“函数参数”对话框，Array 输入区域：A1：A40，Quart 中输入 1，如图 3-10：

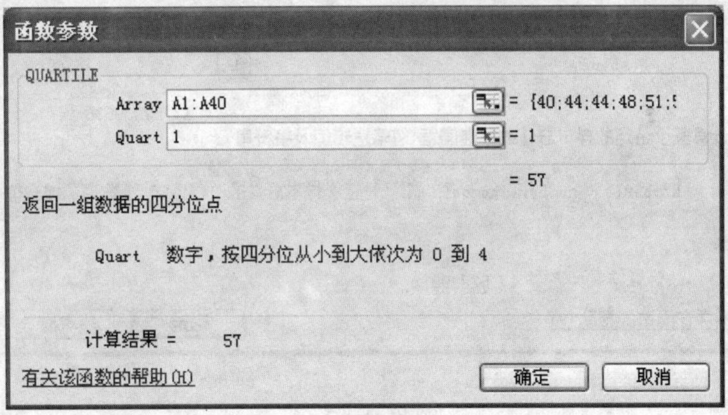

图 3–10

点击确定后，输出结果为 57，即第一个四分位数。

6．标准差

将数据录入 EXCEl 工作表中的 A1 到 A40 单元格内，点击[插入]→[函数]，调出“插入函数”对话框，选择 STDEVP 函数（此例题为总体数据，若是样本数据，则选择 STDEVP），如图 3-11：

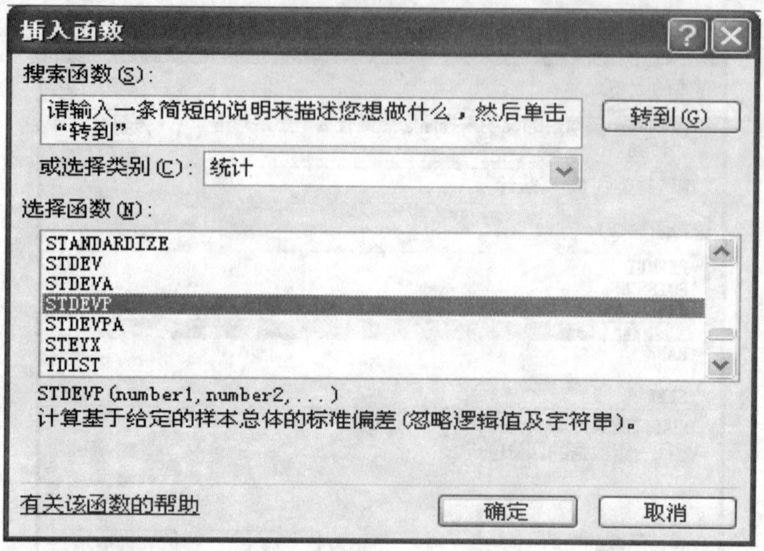

图 3–11

点击确定后，调出“函数参数”对话框，输入区域：A1：A40，如图 3-12：

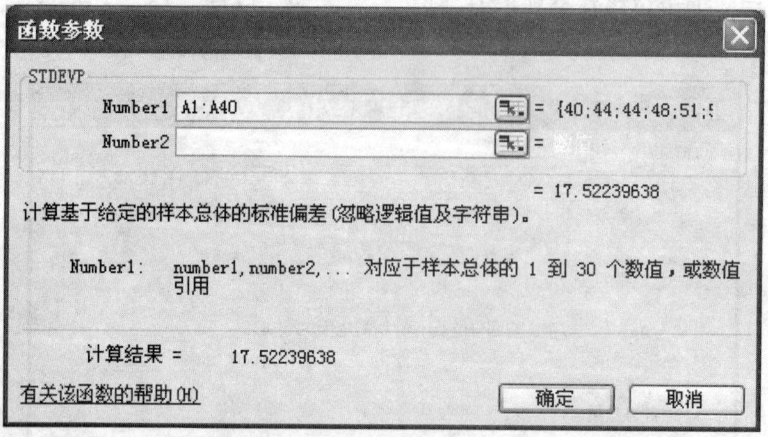

图 3–12

点击确定后，输出结果为 17.52239638。

7. 偏度

将数据录入 EXCEl 工作表中的 A1 到 A40 单元格内，点击[插入]→[函数]，调出“插入函数”对话框，选择 SKEW 函数，如图 3-13：

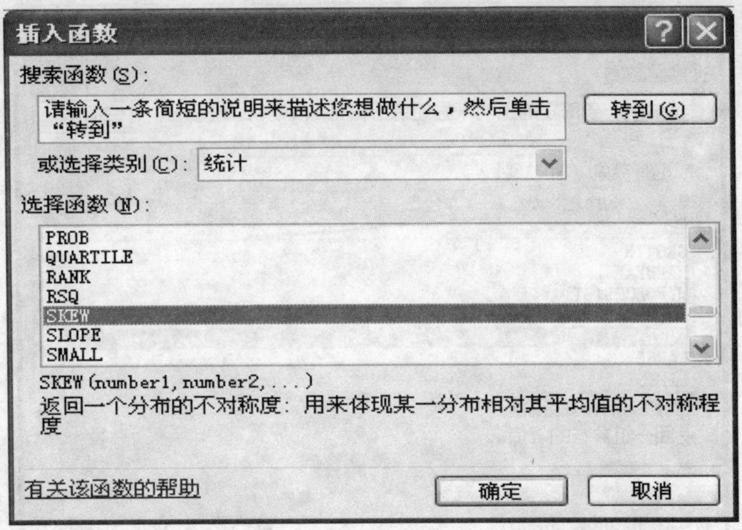

图 3–13

点击确定后，调出"函数参数"对话框，输入区域：A1：A40，如图 3-14：

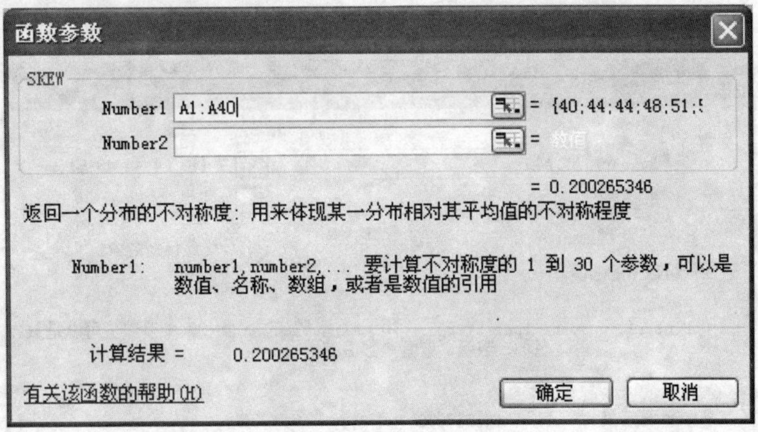

图 3–14

点击确定后，输出结果为 0.200265346。

8．峰度

将数据录入 EXCEl 工作表中的 A1 到 A40 单元格内，点击[插入]→[函数]，调出"插入函数"对话框，选择 KURT 函数，如图 3-15：

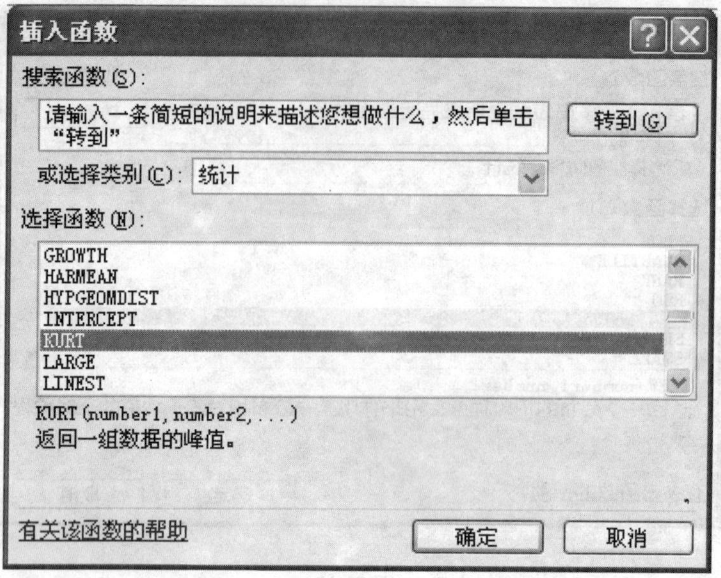

图 3–15

点击确定后，调出“函数参数”对话框，输入区域：A1：A40，如图 3-16：

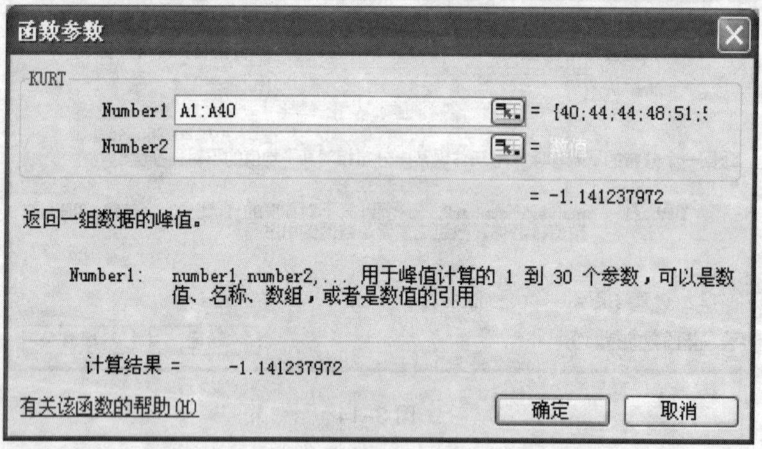

图 3–16

点击确定后，输出结果为-1.141237972。

五、课后练习题

1．某百货公司 6 月份各天的销售额数据如表 3-2：

表 3–2

257	276	297	252	238	310	240	236	265	278
271	292	261	281	301	274	267	280	291	258
272	284	268	303	273	263	322	249	269	295

要求使用 EXCEl 计算：

（1）该百货公司日销售额的平均数和中位数。

（2）该百货公司日销售额的四分位数。

（3）该百货公司日销售额的标准差。

2. 随机抽取 25 个网络用户，得到他们的年龄数据如表 3-3：

表 3–3

19	15	29	25	24
23	21	38	22	18
30	20	19	19	16
23	27	22	34	24
41	20	31	17	23

要求使用 EXCEl 计算：

（1）用户年龄的众数、中位数。

（2）用户年龄的平均数和标准差。

（3）用户年龄的偏度系数和峰度系数。

实验 2：EXCEl 中的描述统计

使用“数据分析”中的“描述统计”可以同时完成实验 1 中多个单个函数的计算，简单快捷。

一、实验目的

熟悉 EXCEl“数据分析”中的描述统计功能，掌握其基本操作方法，能够运用 EXCEl 对数据进行描述统计分析。

二、实验步骤

点击[工具]→[数据分析]，调出“数据分析”对话框，选择“描述统计”选项，调出“描述统计”对话框。

注意：若“数据分析”命令没有出现在“工具”菜单上，则应先使用[工具]→[加载宏]命令来加载“分析工具库”。

三、实验例题

例：随机抽取 40 名学生的统计学考试成绩如表 3-4，试对其进行描述统计分析。

表 3-4

40	44	44	48	51	52	52	54	56	57
57	57	58	59	60	61	63	64	66	68
70	70	71	74	74	79	81	82	83	83
84	91	91	94	95	96	97	99	100	100

（1）将数据输入到 EXCEl 工作表中的 A1 到 A40 单元格内。

（2）点击[工具]→[数据分析]，调出“数据分析”对话框，选择“描述统计”选项，调出“描述统计”对话框，如图 3-17：

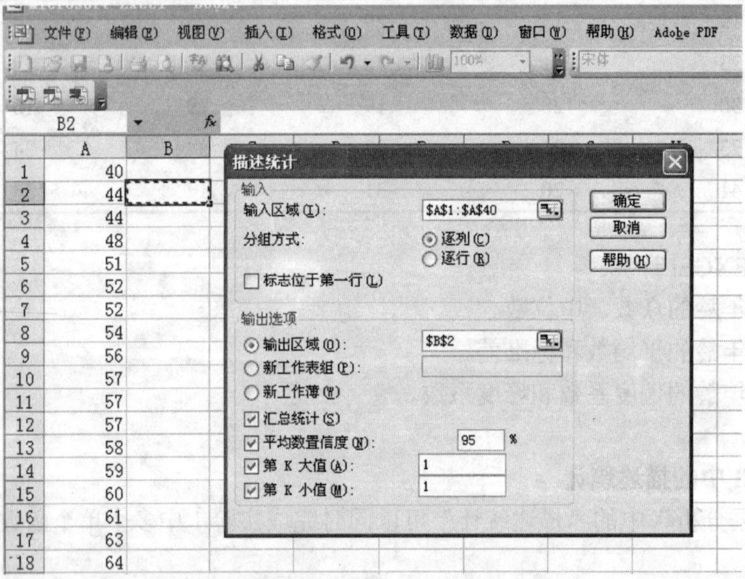

图 3-17

（3）在“描述统计”对话框中填写下列信息：

输入区域：A1：A40 或$A$1:$A$40。

分组方式：逐列。

输出区域：B2 或$B$2（为输出结果左上角单元格地址）。

选中“汇总统计”复选框。描述统计工具可生成如下统计指标：按从上到下的顺序，包括样本的平均值、标准误差（$s/\sqrt{n}$）、中位数、众数、样本标准差（S，非总体标准差σ）、样本方差、峰度值、偏度值、极差、最小值、最大值、样本总和、观测值个数和一定显著性水平下总体均值的置信区间。

平均数置信度一般默认为 95%。

第 K 大值和第 K 小值默认为 1，一般可不填。

（4）填写完之后，按“确定”按钮，输出结果如图 3-18：

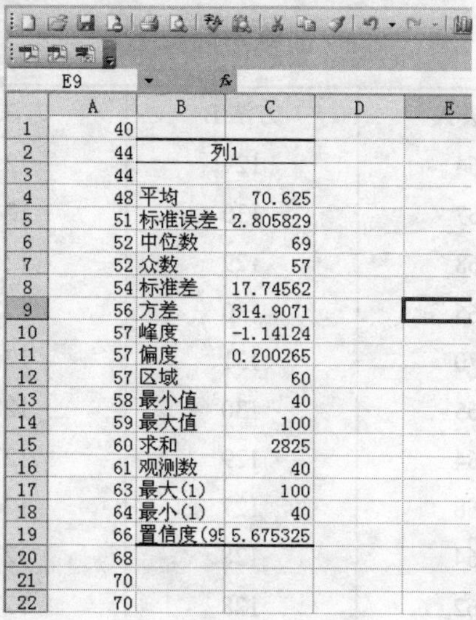

	A	B	C	D	E
1	40				
2	44	列1			
3	44				
4	48	平均	70.625		
5	51	标准误差	2.805829		
6	52	中位数	69		
7	52	众数	57		
8	54	标准差	17.74562		
9	56	方差	314.9071		
10	57	峰度	-1.14124		
11	57	偏度	0.200265		
12	57	区域	60		
13	58	最小值	40		
14	59	最大值	100		
15	60	求和	2825		
16	61	观测数	40		
17	63	最大(1)	100		
18	64	最小(1)	40		
19	66	置信度(95	5.675325		
20	68				
21	70				
22	70				

图 3–18

从输出结果可以看出，该 40 名学生统计学的平均分为 70.625，中位数为 69，众数为 57，标准差为 17.74562，峰度为-1.14124（为平峰分布），偏度为 0.200265（为右偏分布，多数学生成绩偏低）。

四、课后练习题

1. 表 3-5 为我国 2001～2010 年城镇居民家庭人均可支配收入数据，试对其进行描述统计分析。

表 3–5

年份	城镇居民家庭人均可支配收入（元）
2001	6859.6
2002	7702.8
2003	8472.2
2004	9421.6
2005	10493.0
2006	11759.5
2007	13785.8
2008	15780.8
2009	17174.7
2010	19109.4

2. 一种产品需要人工组装，现有三种可供选择的组装方法。为检验哪种方法更好，随机抽取 15 个工人，让他们分别用三种方法组装。表 3-6 是 15 个工人分别用三种方法在相同的时间内组装的产品数量：

表 3–6

方法 A	方法 B	方法 C
164	129	125
167	130	126
168	129	126
165	130	127
170	131	126
165	130	128
164	129	127
168	127	126
164	128	127
162	128	127
163	127	125
166	128	126
167	128	116
166	125	126
165	132	125

要求用 EXCEl 对上述三组数据进行描述统计分析，并回答下列问题：

（1）你准备采用什么方法来评价组装方法的优劣？

（2）如果让你选择一种方法，你会做出怎样的选择？试说明理由。

实验 3：EXCEl 中的箱线图

箱线图是由一组数据的最大值、最小值、中位数、两个四分位数这五个特征数绘制而成的。它主要用于反映原始数据分布的特征，还可以进行多组数据分布特征的比较。

一、实验目的

熟悉 EXCEl“数据分析附加项”（Data Analysis Plus）中箱线图（Box Plot）的功能，掌握其基本操作方法，能够运用 EXCEl 制作箱线图。

二、实验步骤

点击[工具]→[Data Analysis Plus]，调出“Data Analysis Plus”对话框，选择“Box Plot”选项，调出“Box Plot”对话框。

注意：在进行此项操作前，需要先安装“Data Analysis Plus”软件。

三、实验例题

【例 3-2】为了和实验 2 中描述统计分析结果进行对比分析，这里仍采用实验 2 中 40 名学生的统计学考试成绩数据，对其制作箱线图。

表 3–7

40	44	44	48	51	52	52	54	56	57
57	57	58	59	60	61	63	64	66	68
70	70	71	74	74	79	81	82	83	83
84	91	91	94	95	96	97	99	100	100

（1）将数据输入到 EXCEl 工作表中的 A1 到 A40 单元格内。

（2）点击[工具]→[Data Analysis Plus]，调出“Data Analysis Plus”对话框，如图 3-19：

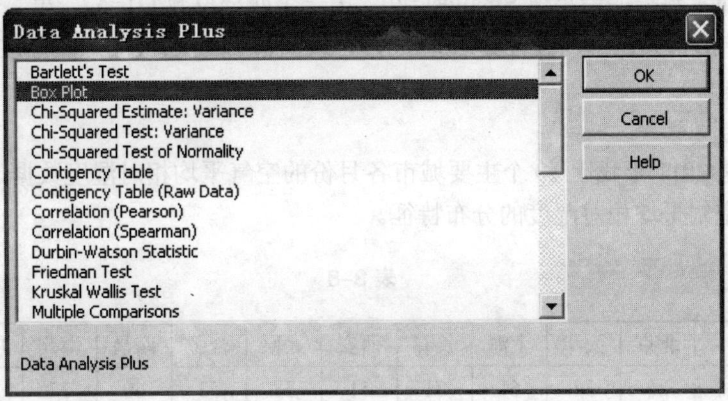

图 3–19

（3）选择“Box Plot”选项，点击“OK”，调出“Box Plot”对话框，在 Input Range 中选入区域：A1：A40。如图 3-20：

图 3–20

点击“OK”，即在新生成的工作表“BOXPLOT1”中显示输出结果，如图 3-21：

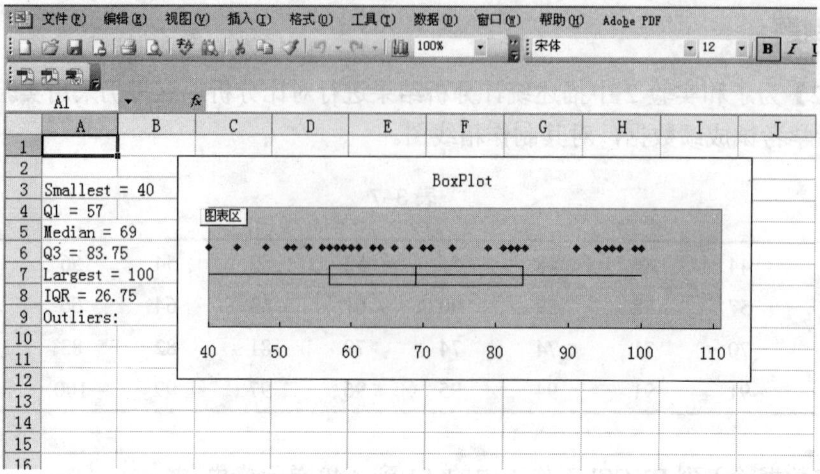

图 3–21

图表左侧显示数据的最小值 Smallest=40，第一个四分位数 Q1=57，第二个四分位数（中位数 Median）=69，第三个四分位数 Q3=83.75，最大值 Largest=100，四分位差 IQR＝26.75。

四、课后练习

1. 表 3-8 是 2011 年我国 10 个主要城市各月份的空气平均相对湿度数据，试绘制箱线图，并分析各城市空气平均相对湿度的分布特征。

表 3–8

	北京	天津	上海	长春	西安	太原	合肥	南昌	郑州	广州
1 月	26	34	61	71	51	38	53	60	32	57
2 月	51	59	69	65	59	49	67	69	52	76
3 月	25	31	56	54	46	29	56	61	37	73
4 月	36	42	61	43	48	32	54	61	43	73
5 月	37	42	62	54	63	40	58	62	49	78
6 月	52	54	80	63	57	51	81	79	48	82
7 月	67	67	71	73	66	65	82	65	59	82
8 月	72	72	79	73	78	69	87	66	75	77
9 月	60	63	72	58	84	73	77	65	78	78
10 月	62	61	69	59	75	63	73	66	65	79
11 月	56	62	76	60	82	69	79	73	72	78
12 月	47	55	69	57	69	61	69	61	61	60

第四章　统计推断的理论基础

一、实验目的

这一章的实验，主要是学习如何使用 EXCEL 来完成二项分布、泊松分布、正态分布、T 分布等各种分布的有关统计量的计算。掌握了这一技能，在进行参数估计和假设检验等统计推断方法时就不需要去查教科书后面的统计分布表，是一种非常便利和有用的方法。

二、实验方法及步骤

在 EXCEL 中，进行参数估计的方法有三种，分别为公式法、函数法和统计工具法。具体方法介绍和详细步骤如下。

实验 1　二项分布

二项分布是离散型随机变量分布最重要的分布之一。它是基于 n 重贝努里实验形成的分布。应用 EXCEL，可以很方便地进行二项分布的计算。

【例 4-1】某一鞋店的资料表明在所有的顾客中大约有 30%的顾客是用信用卡支付的。某日上午有 20 名顾客从该商店购买了鞋子。试计算：

（1）至少有 12 名顾客用信用卡结账的概率。

（2）有 3 到 6 名顾客用信用卡结账的概率。

（3）有 14 名顾客不用信用卡结账的概率。

（4）9 名及以上顾客不用信用卡结账的概率。

以下是用 EXCEL 计算的步骤：

（1）点击函数功能，即 f_x，在或选择类别中，选择“统计”，在选择函数中点击“BINOMDIST”，即二项分布功能（如图 4-1）：

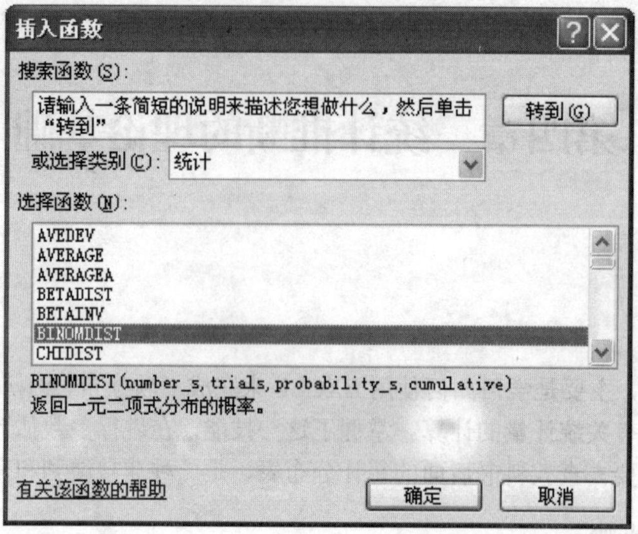

图 4–1

（2）点击确定以后会弹出二项分布的对话框，在对话框中填入相关数据如图 4-2：

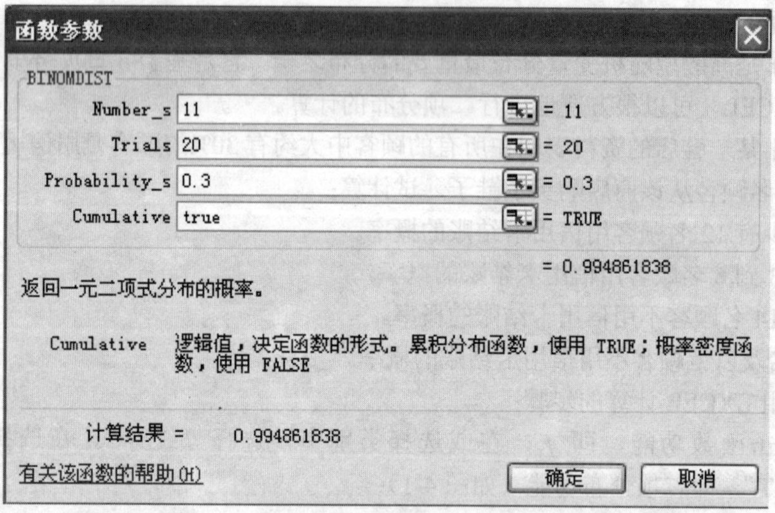

图 4–2

上述截图中的 Number_s，即 numbers of success，成功的次数，题中要求计算至少有 12 名顾客使用信用卡的概率，如果把使用信用卡定义为成功，则此例中成功的次数是 12。由于在 EXCEL 中这一函数计算的是 0 次成功到 x 次成功的累计概率，所以需要计算的是 11 名以下顾客使用选用卡的概率，故而填入的数字是 11。

上图的 Trials 是实验的总次数，一共有 20 名顾客，所以填入 20。

上图中 Probability_s，即 Probability of success，成功的概率，使用信用卡结账的顾客比重为 30%，因而填入 0.3。

在 Cumulative 出填入 true，即可得到 11 名以下顾客使用信用卡结账的概率是 0.9948，所以可以计算出（1）题 12 名及以上顾客使用信用卡结账的概率是 1-0.9948=0.0052。

同理可以计算出（2）、（3）、（4）的结果分别为 0.573，0.192，0.995。

实验 2　泊松分布

泊松分布是离散型变量分布的另一个重要分布。可以通过以下的实例来了解泊松分布的 EXCEL 计算。

【例 4-2】统计学课程的老师观察到在新版本教科书中有许多打字错误。在经过一些观察计算后，他得出结论：发生错误的数目服从泊松分布，且每一百页中有 1.5 个打字错误。如果随机地选择 100 页，问没有出现任何打字错误的概率是多少？

如果我们用公式计算，结果如下：

$$p(0)=\frac{e^{-1.5}1.5^0}{0!}=\frac{(2.71828)^{-1.5}(1)}{1}=0.2233$$

以上计算用 EXCEL 完成，其步骤如下：

（1）点击函数功能，即 f_x，在“或选择类别”中，选择“统计”，在选择函数中点击“POISSON”，即泊松分布功能（如图 4-3）：

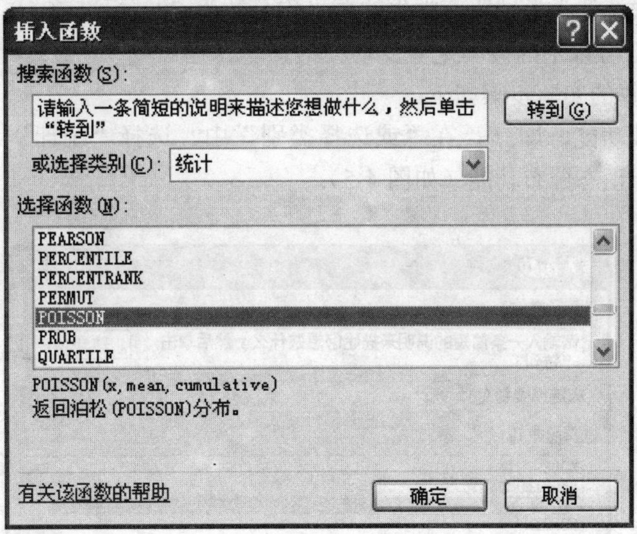

图 4–3

（2）在点击确定中即会弹出以下对话框（如图 4-4）：

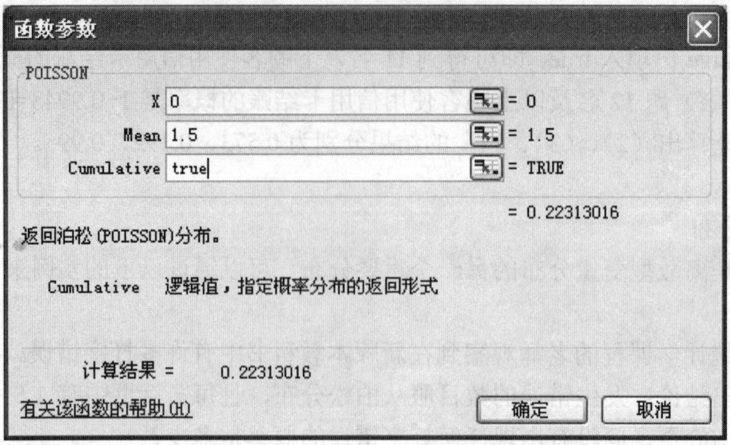

图 4–4

（3）将相关数据填入上述对话框中，可得到如上所示的计算结果为 0.22313016。

实验 3　正态分布

正态分布是连续型变量中的最重要分布。

【例 4-3】某次统计学考试所有学生的总平均分数为 70，标准差 10，问随机抽取一名学生，考试成绩在 60 分以下的概率是多少？

用 EXCEL 计算的实验步骤如下：

（1）点击函数功能，即 f_x，在“或选择类别”中，选择“统计”，在选择函数中点击“NORMDIST”，即正态分布功能（如图 4-5）：

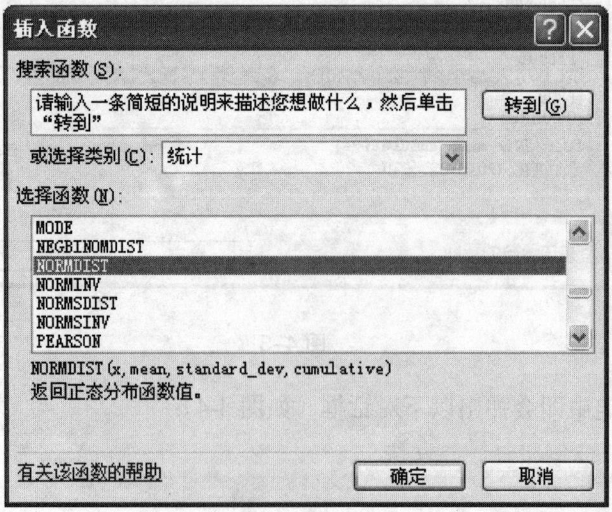

图 4–5

（2）在点击确定后，会弹出以下对话框，对话框中输入相关数据（如图 4-6）：

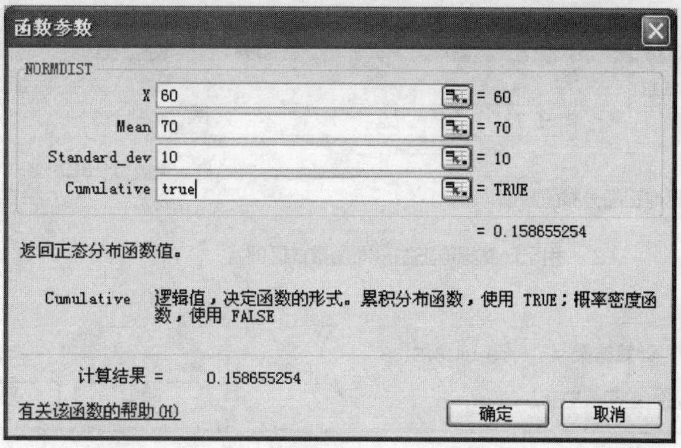

图 4–6

以上计算结果表明，60 分以下的概率为 0.1587。

利用 EXCEL 相关功能可以计算正态分布下的概率，也就是可以代替正态分布表的功能。

【例 4-4】求 $P(-1.73 \leqslant Z \leqslant 1.73)$ 的概率

实验步骤如下：

（1）点击函数功能，即 f_x，在“或选择类别”中，选择“统计”，在选择函数中点击“NORMSDIST”，即标准正态分布功能。这里要注意“NORMDIST”与“NORMSDIST”的区别，前者指的是正态分布，即 NORMAL DISTRIBUTION 的缩写，后者是标准正态分布，即 NORMAL STANDARD DISTRIBUTION 的缩写，两者之间只差了一个字母 *S*。

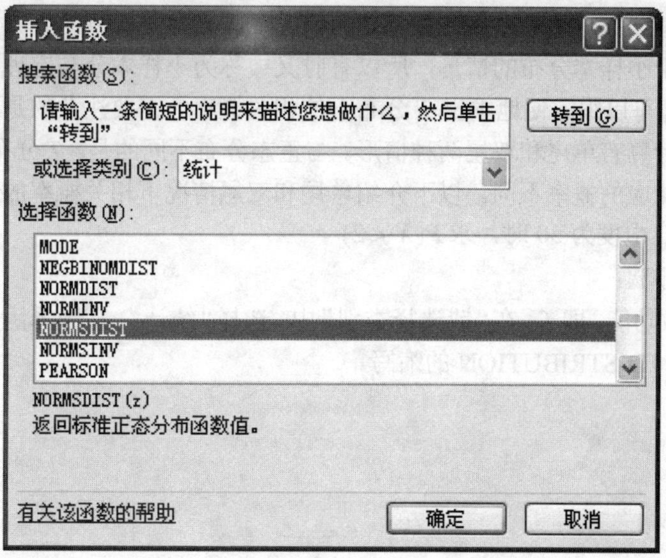

图 4–7

（2）在点击确定后，即可弹出如下对话框，如图 4-8，输入数据-1.73：

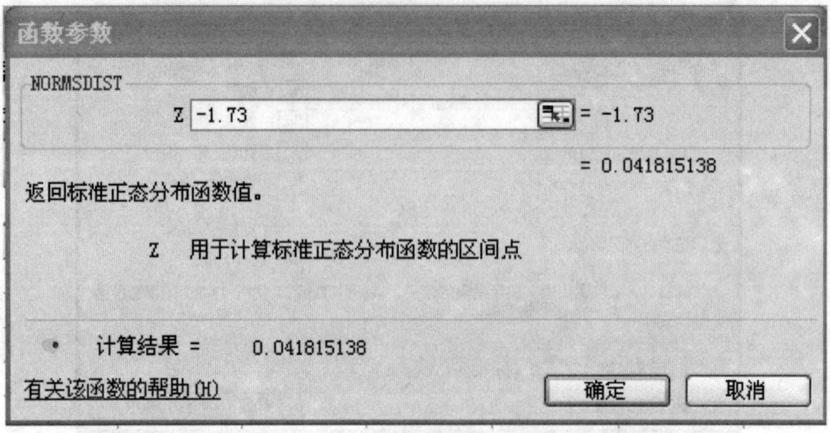

图 4-8

由于 EXCEL 给出的都是累积概率，因此以上结果显示在标准正态分布下，从-∞到-1.73 的概率是 0.0418，如果在以上对话框中删去-1.73，输入 1.73，即可得从-∞到+1.73 之间的累积概率约为 0.9582。因此：

$$P(-1.73 \leqslant Z \leqslant 1.73) = 0.9582 - 0.0418 = 0.9146$$

实验 4　T 分布

T 分布又称学生 *T* 分布。它是由英国著名的统计学家 GOSSET 以学生的笔名发表的分布，以学生 STUDENT 的最后一个字母命名。*T* 分布的提出是统计学中的一个重大事件，从某种程度上可以说，它标志着现代统计学的产生。

当总体是正态分布总体，总体方差未知的情况下，样本平均数的分布形态是 *T* 分布。这一分布尤其适用于小样本分布的情形，所以有时又被称为小样本分布定理。

利用 EXCEL 可以很方便地求出 *T* 分布下的相关概率。需要注意的是 EXCEL 中的 *T* 分布下相应概率的计算有单尾和双尾两种情形。与正态分布不同的是，*T* 分布还会涉及自由度，不同的自由度，相应的概率不同。以下介绍单尾和双尾情况下相关概率的计算。

【例 4-5】当自由度为 50 时，求 $P(X < 2)$

以下是实验步骤：

（1）点击函数功能，即 f_x，在“或选择类别”中，选择“统计”，在选择函数中点击“TDIST”函数。TDIST 即 TDISTRIBUTION 的缩写。

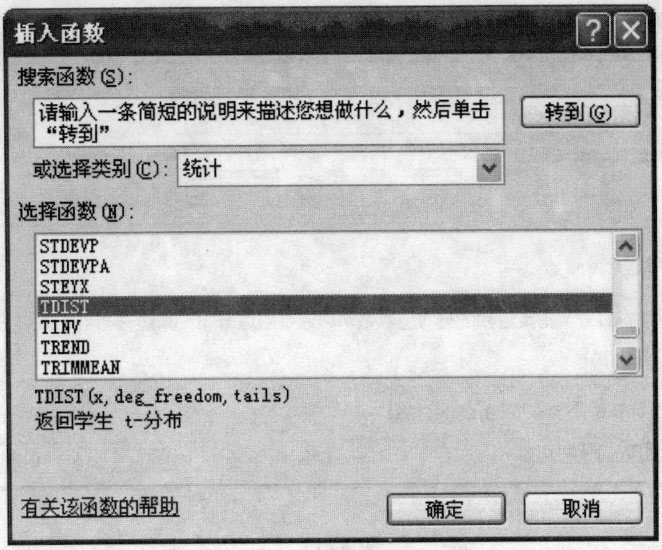

图 4–9

（2）点击确定后即出现以下对话框，在对话框中的 X 变量中输入 2，在 Deg_freedom，即自由度中输入 50，在 Tails 中输入 1，即为单尾（如图 4-10）：

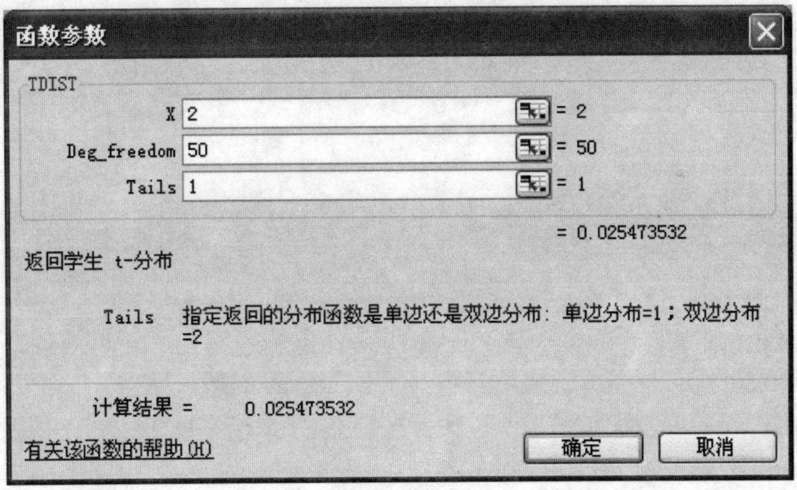

图 4–10

上述对话框显示：

TDIST(2,50,1) = 0.025474，这一结果也可以查 T 分布表，同样可以查到在自由度为 50，T 值等于 2 的情况下的概率为 0.025。

（3）如果是双尾，那么在以上对话框中的“Tails”这一项中应输入 2，即为双尾，则得到的概率是 0.050947，如图 4-11：

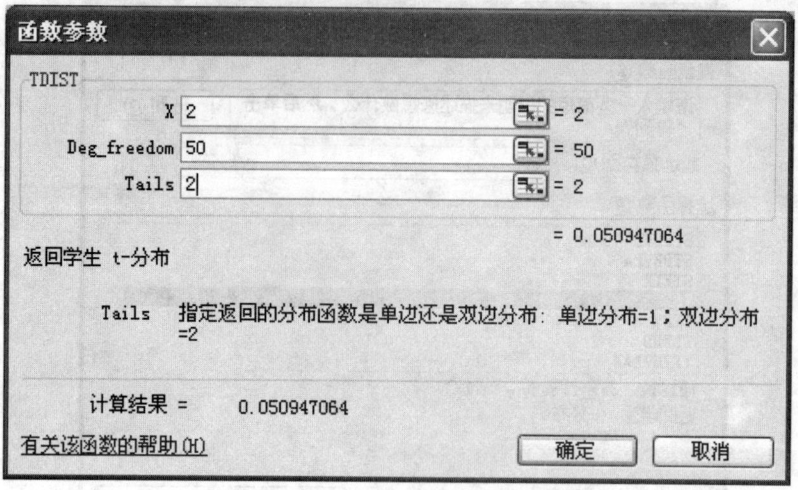
函数参数
TDIST
X 2 = 2
Deg_freedom 50 = 50
Tails 2 = 2
= 0.050947064
返回学生 t-分布
Tails 指定返回的分布函数是单边还是双边分布：单边分布=1；双边分布=2
计算结果 = 0.050947064
有关该函数的帮助(H)
确定
取消

图 4-11

第五章 参数估计

一、实验目的

用 EXCEL 进行参数估计，具体包括总体均值的区间估计、总体方差的区间估计和总体成数的区间估计。

二、实验方法及步骤

在 EXCEL 中，进行参数估计的方法有三种，分别为公式法、函数法和统计工具法。具体方法介绍和详细步骤如下：

1．公式法

涉及的函数：AVERAGE，COUNT，STDEV，SQRT，NORMSINV，TINV。

（1）总体均值的区间估计

①在总体方差已知，大样本情况下，构造 z 分布统计量。

z 分布统计量的估计区间：

$$[\bar{X}-z_{\alpha/2}\frac{\sigma}{\sqrt{n}},\ \bar{X}+z_{\alpha/2}\frac{\sigma}{\sqrt{n}}]$$

EXCEL 计算公式：

AVERAGE(*x*) ± NORMSINV((1−置信水平)/2) × STDEV(*x*)/ SQRT(COUNT(*x*))

②总体方差未知，大样本情况下，构造 z 分布统计量。

z 分布统计量的估计区间：

$[\bar{X}-z_{\alpha/2}\frac{S}{\sqrt{n}},\bar{X}+z_{\alpha/2}\frac{S}{\sqrt{n}}]$，即用样本标准差 S 代替总体标准差 σ。

EXCEL 计算公式：

AVERAGE(*x*) ± NORMSINV((1−置信水平)/2) × STDEV(*x*)/ SQRT(COUNT(*x*))

③在总体方差未知且小样本条件下，构造 t 分布统计量。

t 分布统计量的估计区间：$[\bar{X}-t_{\alpha/2}\frac{S}{\sqrt{n}},\bar{X}+t_{\alpha/2}\frac{S}{\sqrt{n}}]$

EXCEL 计算公式：

AVERAGE(*x*) ±TINV(1−置信水平，COUNT(*x*)−1) × STDEV(*x*)/ SQRT(COUNT(*x*))

（2）总体成数的区间估计

总体单位总数相对于样本量而言很大时，可以看成重复抽样的问题。总体成数的区间估计是$[P - z_{\alpha/2}\sqrt{\frac{P(1-P)}{n}}, P + z_{\alpha/2}\sqrt{\frac{P(1-P)}{n}}]$。

EXCEL 计算公式：

$P\pm$ NORMSINV((1−置信水平)/2) ×SQRT(P*(1−P)/n)

（3）总体方差的区间估计——估计一个总体的方差或标准差

如果总体 $X\sim N(\mu,\sigma^2)$，$x_1,x_2,\cdots x_n$ 为来自 X 的随机样本，μ 和 σ^2 均为未知，那么：

$\frac{(n-1)S^2}{\sigma^2}\sim\chi^2(n-1)$。

在置信水平$(1-\alpha)$条件下，总体方差σ^2的置信区间为：

$$[\frac{(n-1)S^2}{\chi^2_{\alpha/2}(n-1)},\frac{(n-1)S^2}{\chi^2_{1-\alpha/2}(n-1)}]$$

EXCEL 计算公式：

[(n−1)*　S^2 /Chinv(α/2，(n−1))，(n-1)*　S^2 /Chinv((1−α)/2，(n−1))]

2．函数法

CONFIDENCE（置信区间）函数

功能：返回总体平均值的置信区间。

语法：CONFIDENCE（alpha，standard-dev，size）

参数：

①Alpha（即α）是用于计算置信度的显著水平参数。置信度等于（1－α），也即，如果α为 0.05，则置信度为 0.95。

②Standard-dev 即数据区域的总体标准差，假设为已知（实际中，总体标准差未知时通常用样本标准差代替）。

③Size 即样本容量（即 n）。

3．统计工具法

统计工具法借助“Data Analysis Plus”程序，具体步骤：“工具”——“Data Analysis Plus”——可依次找到“Chi-Squared Estimate: Variance”（正态总体方差区间估计）、“Z-Estimate: Mean”（总体均值 Z 估计）、“T-Estimate: Mean”（总体均值 T 估计）和“Z-Estimate: Proportion”（总体成数区间估计），如图 5-1、5-2 所示：

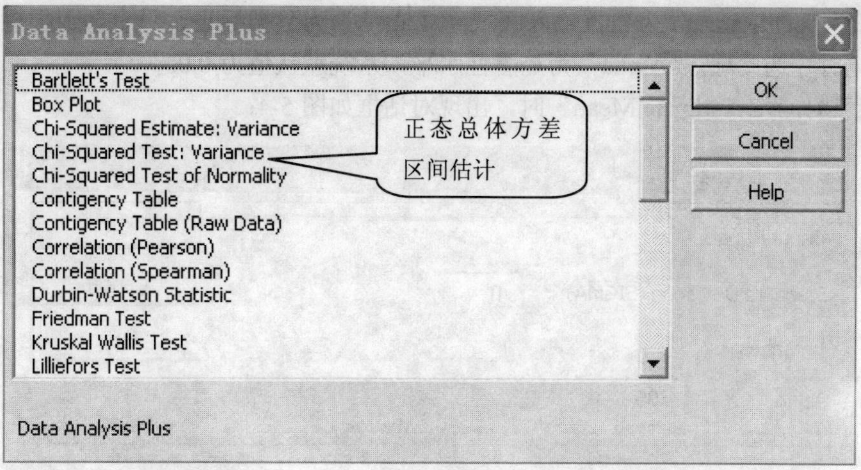

图 5–1

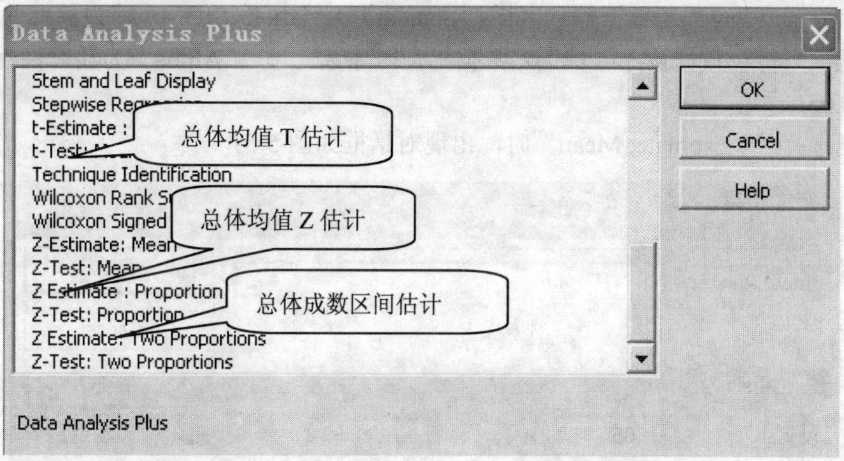

图 5–2

（1）当选择“Chi-Squared Estimate:Variance”时，出现对话框如图 5-3：

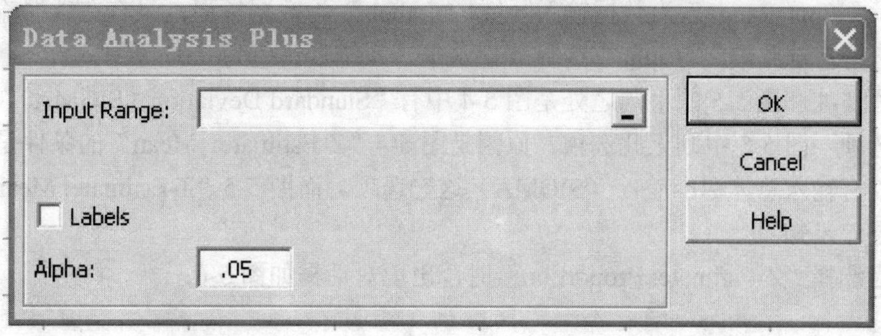

图 5–3

其中，“Input Range”为数据输入区域，“Labels”为数据标记，只有在数据输入区域选入数据标记时才选此项，“Alpha”为显著性水平，系统默认值为 0.05。

（2）当选择“Z-Estimate Mean”时，出现对话框如图 5-4：

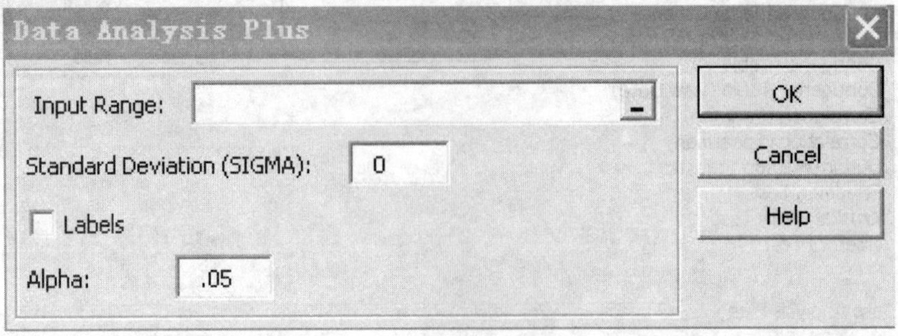

图 5–4

其中，“Input Range”为数据输入区域，“Standard Deviation（SIGMA）”为标准差，“Labels”为数据标记，只有在数据输入区域选入数据标记时才选此项，“Alpha”为显著性水平，系统默认值为 0.05。

（3）当选择“T-Estimate: Mean”时，出现对话框如图 5-5：

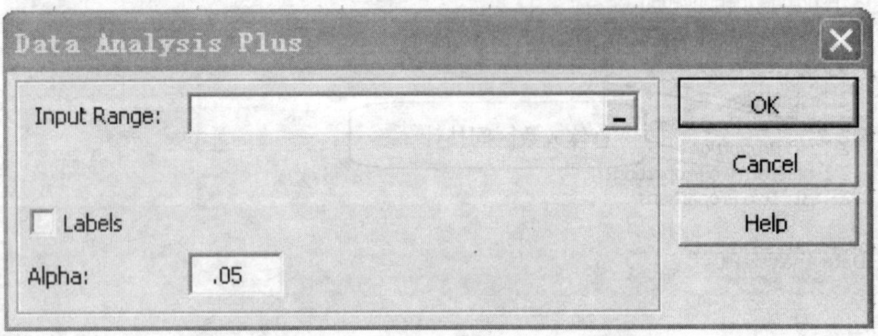

图 5–5

其中，“Input Range”为数据输入区域，“Labels”为数据标记，只有在数据输入区域选入数据标记时才选此项，“Alpha”为显著性水平，系统默认值为 0.05。

注：图 5-4 和图 5-5 的不同之处是图 5-4 中有“Standard Deviation（SIGMA）”即总体标准差这一选项，图 5-5 中则无此选项。原因是图 5-4“Z-Estimate: Mean”的条件是总体方差已知，所以有输入总体标准差σ（SIGMA）这一选项，而图 5-5“T-Estimate: Mean”的条件则是总体方差未知。

（4）当选择“Z-Estimate: Proportion”时，出现对话框如图 5-6：

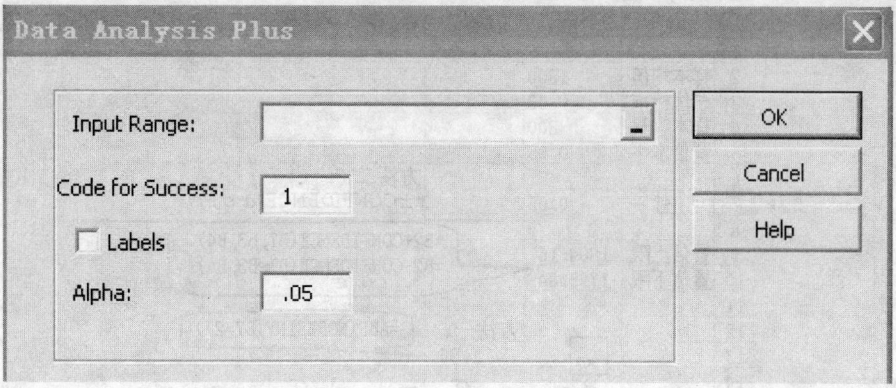

图 5–6

其中，“Input Range”为数据输入区域，“Code for Success”为成功的代码，“Labels”为数据标记，只有在数据输入区域选入数据标记时才选此项，“Alpha”为显著性水平，系统默认值为 0.05。

三、例题分析

1．总体均值的区间估计

【例 5-1】对某专业毕业生中随机抽取 800 人，调查得到他们的月工资平均为 1800 元，标准差为 39，问：在 95%的置信水平下，该专业毕业生的月工资平均额的置信区间是多少？

方法一：公式法

根据总体方差（或标准差）已知且大样本情况，利用 z 分布统计量的估计区间公式：

$$[\bar{X}-z_{\alpha/2}\frac{\sigma}{\sqrt{n}},\ \bar{X}+z_{\alpha/2}\frac{\sigma}{\sqrt{n}}\ ]$$

计算步骤如下：

第一步：在 B7 单元格中输入 α =0.05。

第二步：在 C13 单元格中输入“=ABS（NORMSINV（B7/2））”，求 $z_{\alpha/2}$。

第三步：根据区间估计公式，在 C18、C19 单元格计算置信上限和置信下限，得到置信区间为[1795.84，1804.16]。

方法二：函数法

利用 CONFIDENCE 函数可以快速求解出置信区间。置信区间公式为 $\bar{x}\pm$CONFIDENCE(α,σ,n)，根据已知条件，如图 5-7 所示，在 B9、B10 单元格计算置信上限和置信下限，得到置信区间为[1795.84，1804.16]。

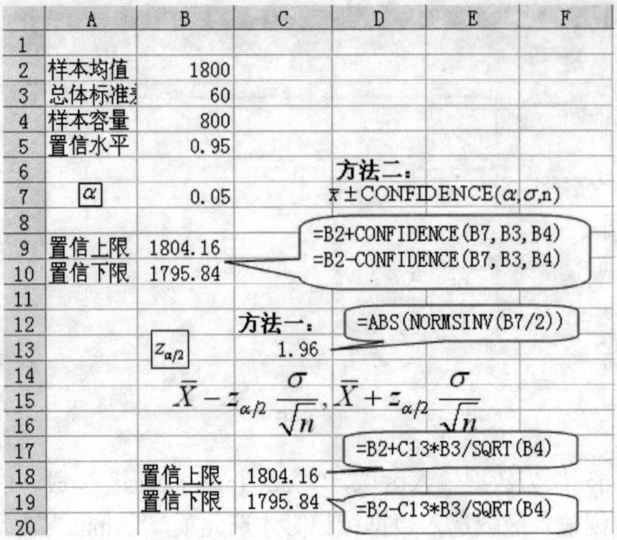

图 5–7

【例 5-2】某饭店在 7 周内抽查 49 位顾客的消费额（元）如表 5-1，求在概率 90%的保证下，顾客平均消费额的估计区间。

表 5–1

15	24	38	26	30	42	18	30	25	26
34	44	20	35	24	26	34	48	18	28
46	19	30	36	42	24	32	45	36	21
47	26	28	31	42	45	36	24	28	27
32	36	47	53	22	24	32	46	26	

方法一：公式法（如图 5-8）

计算步骤如下：

第一步：根据已知条件在 D2:D5 单元格计算样本容量、样本均值、样本标准差，并列出置信水平。其中，在 D2 中输入公式“=COUNT（A2:A50）”求样本容量，D3 中输入“=AVERAGE（A2:A50）”求样本均值，在 D4 中输入“STDEV（A2:A50）”求样本标准差。

第二步：在 D8 单元格中输入“=ABS（NORMSINV（D6））”，求 $z_{\alpha/2}$。

第三步：根据公式，在 D10、D11 单元格计算置信上限和置信下限，得到区间为[29.78, 34.22]。

	A	B	C	D	E	F	G
1	49位顾客消费额					=COUNT(A2:A50)	
2	15		样本容量	49			
3	24		样本均值	32		=AVERAGE(A2:A50)	
4	38		样本标准差	9.45		=STDEV(A2:A50)	
5	26		置信水平	0.90			
6	30		a/2	0.05			
7	42					=ABS(NORMSINV(D6))	
8	18		$z_{\alpha/2}$	1.645			
9	30						
10	25		置信上限	34.22		=D3+D8*D4/SQRT(D2)	
11	26		置信下限	29.78		=D3-D8*D4/SQRT(D2)	
12	34						
13	44						
14	20						
15	35						

$$\bar{X}-z_{\alpha/2}\frac{S}{\sqrt{n}},\ \bar{X}+z_{\alpha/2}\frac{S}{\sqrt{n}}$$

图 5-8

方法二：统计工具法

步骤："工具"——"Data Analysis Plus"——"Z-Estimate Mean"，出现对话框如图 5-9 所示。

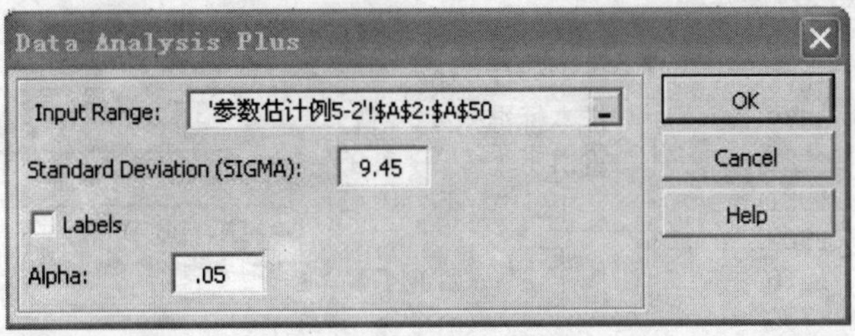

图 5-9

其中，"Input Range"为数据区域，"Standard Deviation"为标准差，"Labels"为数据标记，只有在数据输入区域选入数据标记时才选此项，"Alpha"为显著性水平，系统默认值为 0.05。点击 OK 按钮，输出结果如图 5-10 所示。置信区间为[29.35，34.65]。

	A	B	C
1	**z-Estimate: Mean**		
2			
3			*Column 1*
4	Mean		32
5	Standard Deviation		9.4516
6	Observations		49
7	SIGMA		9.45
8	LCL		29.35405
9	UCL		34.64595

图 5-10

【例 5-3】某快递公司要分析第一季度日均快件数，从 2011 年第一季度抽取了 15 天，这 15 天的日均快件数如表 5-2，求在 95%的置信水平下，该快递公司一季度日均快件数的置信区间是多少？

表 5–2

890	873	679	982	1031	1502	1210	730
1130	965	1298	899	989	1320	1452	

解答：

方法一：公式法（图 5-11）

第一步：根据已知条件在 D2:D5 单元格计算样本容量、样本均值、样本标准差，并列出置信水平。

第二步：在 D8 单元格中输入“=TINV（D6，D2−1）”，求 $t_{\alpha/2}$。

第三步：根据公式，在 D13、D14 单元格计算置信上限和置信下限，得到区间为[925.65，1201.01]。

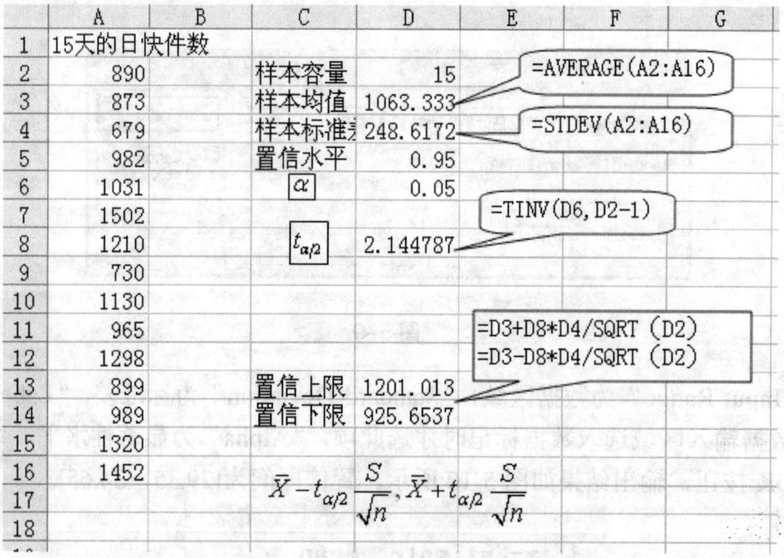

图 5–11

方法二：统计工具法

步骤：在 EXCEL 中选择“工具”——“Data Analysis Plus”——“T-Estimate Mean”，出现对话框如图 5-12 所示。

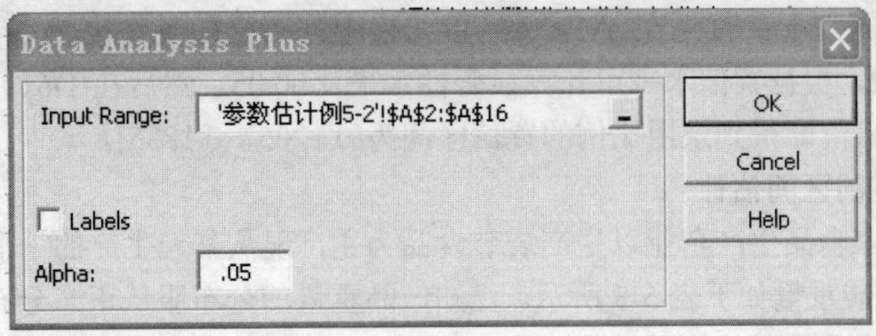

图 5–12

其中，“Input Range”为数据区域，“Labels”为数据标记，只有在数据输入区域选入数据标记时才选此项，“Alpha”为显著性水平，系统默认值为 0.05。点击 OK 按钮，输出结果如图 5-13 所示。置信区间为[925.65，1201.01]，同公式法结果一致。

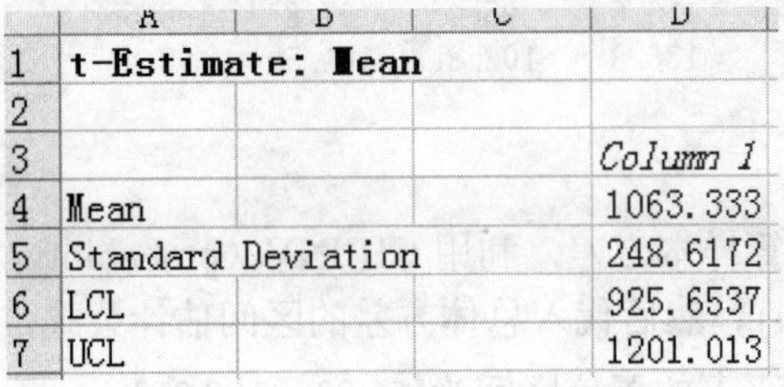

	A	B	C	D
1	t-Estimate: Mean			
2				
3				Column 1
4	Mean			1063.333
5	Standard Deviation			248.6172
6	LCL			925.6537
7	UCL			1201.013

图 5–13

2．总体成数的区间估计

【例 5-4】某西部人才咨询部门收到大批申请去西部工作的信函，人力资源管理部门想了解被录用的比例，从中抽取 500 人，发现只有 76 人被录用。现要求使用 95%的可信度，对总体比例做一个区间估计。

解答：

本例可采用重复抽样条件下的总体比例区间估计计算公式，如图 5-14 所示：

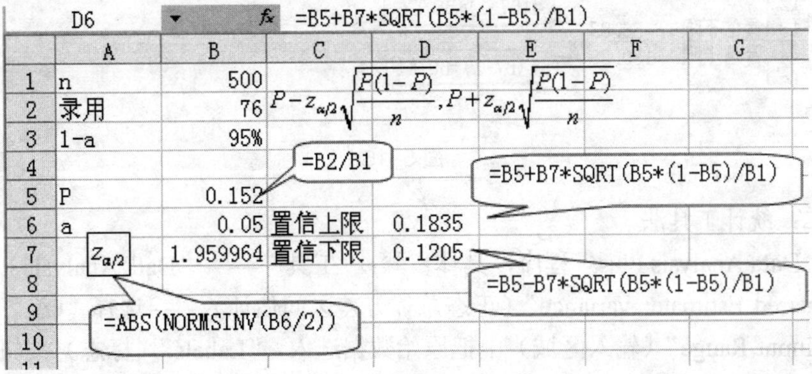

图 5–14

具体计算步骤如下：首先在 A1～A3 单元格中列出已知条件，然后计算样本比例 P=“=B2/B1”=0.152，根据置信水平可计算显著性水平 α=0.05。然后在 D6、D7 单元格中将置信区间的公式代入，即得到录用比例的置信区间为[0.1205，0.1835]。

3．总体方差的区间估计

【例 5-5】一家食品生产企业以生产袋装食品为主，现从某天生产的一批食品中随机抽取了 25 袋，测得每袋重量如下表 5-3 所示。已知产品重量的分布服从正态分布。以 95%的置信水平建立该种食品重量方差的置信区间。

表 5–3

	A	B	C	D	E
1	112.5	101	103	102	100.5
2	102.6	107.5	95	108.8	115.6
3	100	123.5	102	101.6	102.2
4	116.6	95.4	97.8	108.6	105
5	136.8	102.8	101.5	98.4	93.3

解答：

方法一：公式法

根据已知条件，先计算样本方差，利用 CHIINV（probability，degrees_freedom）函数计算 $\chi^2_{\alpha/2}(n-1)$ 和 $\chi^2_{1-\alpha/2}(n-1)$，然后代入总体方差的区间估计公式，如图 5-15 所示。最后得到总体方差在 95%的置信水平下的置信区间为[56.83，180.39]。

	A	B	C	D	E	F	G	H
1	112.5	101	103	102	100.5			
2	102.6	107.5	95	108.8	115.6			
3	100	123.5	102	101.6	102.2			
4	116.6	95.4	97.8	108.6	105			
5	136.8	102.8	101.5	98.4	93.3	=CHIINV(B10/2,B7-1)		
6								
7	样本容量	25	$\chi^2_{\alpha/2}(n-1)$		39.36			
8	样本方差	93.21				=CHIINV(1-B10/2,B7-1)		
9	置信水平	0.95						
10	置信度	0.05	$\chi^2_{1-\alpha/2}(n-1)$		12.40			
11								
12			=(B7-1)*B8/E7					
13	置信下限	56.83						
14	置信上限	180.39	=(B7-1)*B8/E10					
15								

图 5–15

方法二：统计工具法

借助“Data Analysis Plus”程序，具体步骤：“工具”——“Data Analysis Plus”——找到“Chi-Squared Estimate: Variance”（正态总体方差区间估计）——选择“OK”按钮，如图 5-16，在“Input Range”（输入区域）中把原始数据选入，“Labels”（标志）按钮不打勾，本例显著性水平 α 与系统默认为“Alpha”0.05 相同。

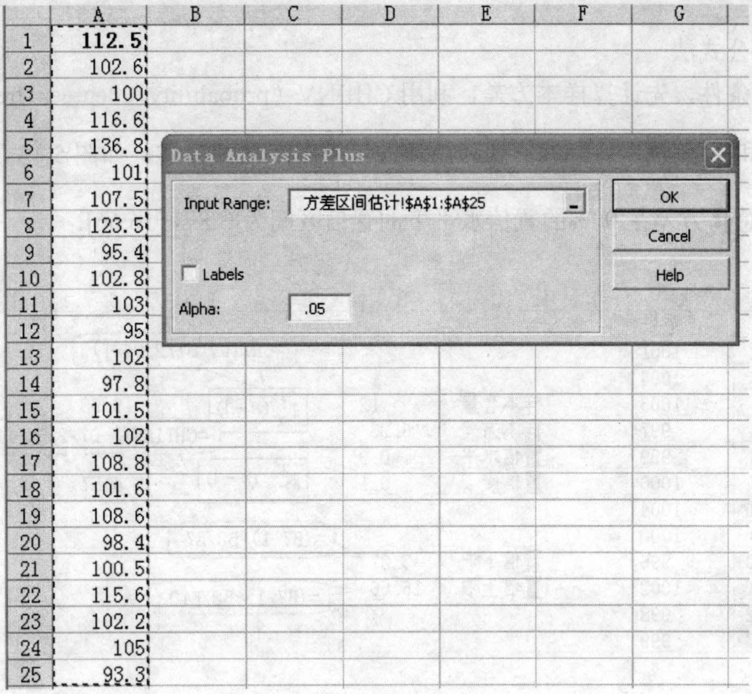

图 5-16

选择“OK”按钮，输出结果如图 5-17 所示。

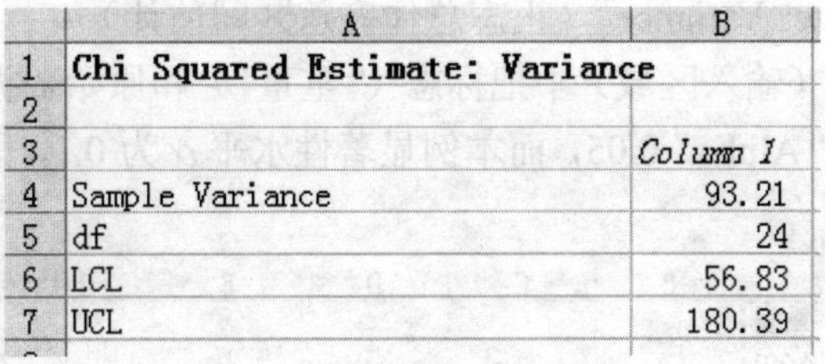

图 5-17

图 5-17 的结果显示，15 个样本的方差为 93.21，自由度 24，置信区间为[56.83，180.39]。与公式法计算结果一致。

【例 5-6】某自动包装机包装洗衣粉，其重量服从正态分布，今随机抽查 12 袋，测得重量（单位：克），数据如表 5-4。以 90%的置信水平估计该包装机所包装的洗衣粉的方差区间。

表 5-4

1001	1004	1003	997	999	1000	1004	1000	996	1002	998	999

解答：

方法一：公式法

根据已知条件，先计算样本方差，利用 CHIINV（probability，degrees_freedom）函数计算 $\chi^2_{\alpha/2}(n-1)$ 和 $\chi^2_{1-\alpha/2}(n-1)$，然后代入总体方差的区间估计公式，如图 5-18 所示。

最后得到总体方差在 90%的置信水平下的置信区间为[3.87，16.66]。

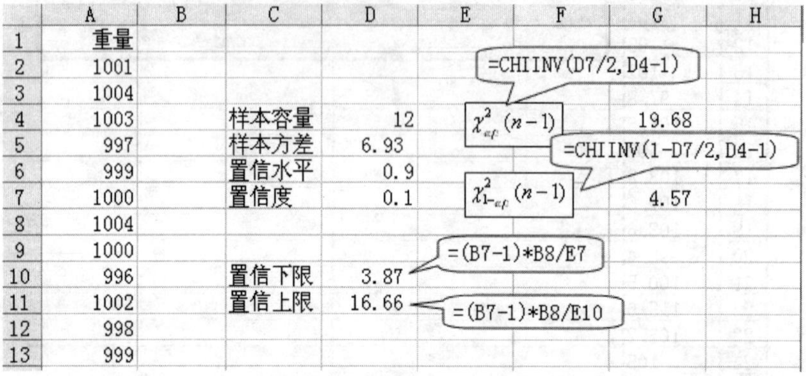

图 5–18

方法二：统计工具法

借助“Data Analysis Plus”程序，具体步骤：“工具”——“Data Analysis Plus”——找到“Chi-Squared Estimate: Variance”（正态总体方差区间估计）——选择“OK”按钮，如图 5-16，在“Input Range”（输入区域）中把标志（“重量”）和原始数据选入，“Labels”（标志）按钮打勾，系统默认为“Alpha”0.05，而本例显著性水平 α 为 0.1，因此要把 Alpha 改为 0.1。如图 5-19 所示。

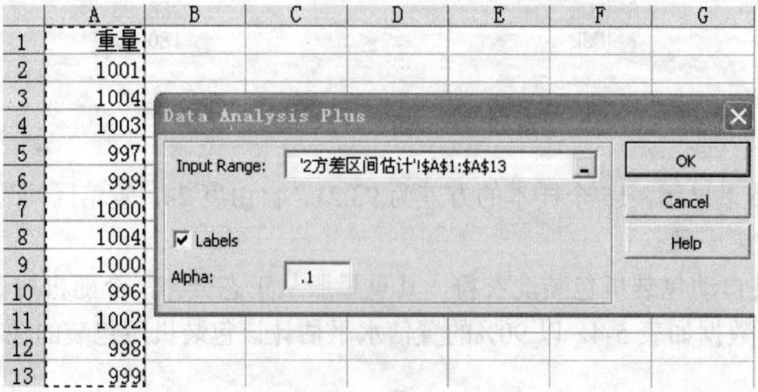

图 5–19

选择“OK”按钮，输出结果如图 5-20 所示。

	A	B
1	**Chi Squared Estimate: Variance**	
2		
3		*重量*
4	Sample Variance	6.93
5	df	11.00
6	LCL	3.88
7	UCL	16.67
8		

图 5-20

第六章　假设检验和方差分析

第一节　假设检验

一、实验目的

用 EXCEL 进行假设检验。

二、实验方法及步骤

在 EXCEL 中，假设检验主要有三种方法：临界值法、P 值法和统计工具法。方法介绍和具体步骤如下：

1．临界值法

（1）一个总体参数均值的检验

①在总体方差已知，大样本情况下，构造 z 分布统计量。

$$z = \frac{\overline{x} - \mu_0}{\sigma / \sqrt{n}} \sim N(0,1)$$

②在总体方差未知，大样本情况下，构造 z 分布统计量。注：用样本标准差 s 代替总体标准差 σ 。

$$z = \frac{\overline{x} - \mu_0}{s / \sqrt{n}} \sim N(0,1)$$

③在总体方差未知且小样本条件下，构造 t 分布统计量。

$$t = \frac{\overline{x} - \mu_0}{s / \sqrt{n}} \sim t(n-1)$$

一个总体参数均值的检验方法总结如表 6-1 和表 6-2 所示。

（2）一个总体成数的检验

假定总体服从二项分布，可用正态分布来近似，可构造成数检验的统计量。

$$Z = \frac{P - \pi_0}{\sqrt{\dfrac{\pi_0(1-\pi_0)}{n}}} \sim N(0,1)$$

其中，π_0 为假设的总体比例。

表 6–1

假设	双侧检验	左侧检验	右侧检验
假设形式	H_0：$\mu=\mu_0$ H_1：$\mu\neq\mu_0$	H_0：$\mu\geqslant\mu_0$ H_1：$\mu<\mu_0$	H_0：$\mu\leqslant\mu_0$ H_1：$\mu>\mu_0$
统计量	$z=\dfrac{\overline{x}-\mu_0}{\sigma/\sqrt{n}}$（$\sigma$ 已知）		
	$z=\dfrac{\overline{x}-\mu_0}{s/\sqrt{n}}$（$\sigma$ 未知）		
拒绝域	$\|z\|>z_{\alpha/2}$	$z<-z_{\alpha}$	$z>z_{\alpha}$
P 值决策	$P<\alpha$ 拒绝 H_0		

表 6–2

假设	双侧检验	左侧检验	右侧检验
假设形式	H_0：$\mu=\mu_0$ H_1：$\mu\neq\mu_0$	H_0：$\mu\geqslant\mu_0$ H_1：$\mu<\mu_0$	H_0：$\mu\leqslant\mu_0$ H_1：$\mu>\mu_0$
统计量	$z=\dfrac{\overline{x}-\mu_0}{\sigma/\sqrt{n}}$（$\sigma$ 已知）		
	$t=\dfrac{\overline{x}-\mu_0}{s/\sqrt{n}}$（$\sigma$ 未知）		
拒绝域	$\|t\|<t_{\alpha/2}(n-1)$	$t<-t_{\alpha}(n-1)$	$t>t_{\alpha}(n-1)$
P 值决策	$P<\alpha$ 拒绝 H_0		

（3）一个总体方差的检验

假设总体近似服从正态分布，使用 χ^2 分布，构造检验统计量：

$$\chi^2=\frac{(n-1)^2}{\sigma_0^2}\sim\chi^2_{1-\frac{\alpha}{2}}(n-1)s,H_0$$

其中，s^2 为样本方差，σ_0^2 为假设的总体方差。

一个总体方差的检验总结如表 6-3 所示。

表 6–3

假设	双侧检验	左侧检验	右侧检验
假设形式	H_0：$\sigma^2=\sigma_0^2$ H_1：$\sigma^2\neq\sigma_0^2$	H_0：$\sigma^2\geqslant\sigma_0^2$ H_1：$\sigma^2<\sigma_0^2$	H_0：$\sigma^2\leqslant\sigma_0^2$ H_1：$\sigma^2>\sigma_0^2$
统计量	$\chi^2=\dfrac{(n-1)s^2}{\sigma_0^2}$		
拒绝域	$\chi^2>\chi^2_{\alpha/2}(n-1)$ $\chi^2<\chi^2_{1-\alpha/2}(n-1)$	$\chi^2<\chi^2_{1-\alpha/2}(n-1)$	$\chi^2>\chi^2_{\alpha/2}(n-1)$
P 值决策	$P<\alpha$ 拒绝 H_0		

（4）两个总体均值之差的检验

假定：两个样本是独立的随机样本；正态总体或非正态总体大样本（$n_1\geqslant30$ 和 $n_2\geqslant30$）或者独立小样本且方差已知和未知，分别构造检验统计量：

$$z=\frac{(\bar{x}_1-\bar{x}_2)-(\mu_1-\mu_2)}{\sqrt{\dfrac{\sigma_1^2}{n_1}+\dfrac{\sigma_2^2}{n_2}}}\sim N(0,1)$$

$$z=\frac{(\bar{x}_1-\bar{x}_2)-(\mu_1-\mu_2)}{\sqrt{\dfrac{s_1^2}{n_1}+\dfrac{s_2^2}{n_2}}}\sim N(0,1)$$

两个总体均值之差的检验总结如表 6-4 所示。

表 6–4

假设	双侧检验	左侧检验	右侧检验
假设形式	H_0：$\mu_1-\mu_2=0$ H_1：$\mu_1-\mu_2\neq0$	H_0：$\mu_1-\mu_2\geqslant0$ H_1：$\mu_1-\mu_2<0$	H_0：$\mu_1-\mu_2\leqslant0$ H_1：$\mu_1-\mu_2>0$
统计量	$z=\dfrac{(\bar{x}_1-\bar{x}_2)-(\mu_1-\mu_2)}{\sqrt{\dfrac{\sigma_1^2}{n_1}+\dfrac{\sigma_2^2}{n_2}}}$（$\sigma_1^2$，$\sigma_2^2$ 已知） $z=\dfrac{(\bar{x}_1-\bar{x}_2)-(\mu_1-\mu_2)}{\sqrt{\dfrac{s_1^2}{n_1}+\dfrac{s_2^2}{n_2}}}$（$\sigma_1^2$，$\sigma_2^2$ 未知）		
拒绝域	$\lvert z\rvert>z_{\alpha/2}$	$z<-z_\alpha$	$z>z_\alpha$
P 值决策	$P<\alpha$ 拒绝 H_0		

两个正态总体均值之差检验见统计工具法。

（5）两个总体方差之比的检验

表 6–5

假设	双侧检验	左侧检验	右侧检验
假设形式	H_0：$\sigma_1^2/\sigma_2^2=1$ H_1：$\sigma_1^2/\sigma_2^2\neq 1$	H_0：$\sigma_1^2/\sigma_2^2\geqslant 1$ H_1：$\sigma_1^2/\sigma_2^2<1$	H_0：$\sigma_1^2/\sigma_2^2\leqslant 1$ H_1：$\sigma_1^2/\sigma_2^2>1$
统计量	$F=\dfrac{s_1^2}{s_2^2}\left[\text{或}F=\dfrac{s_2^2}{s_1^2}\right]$		
拒绝域	$F>F_{\alpha/2}(n_1-1,n_2-1)$	$F>F_{\alpha}(n_1-1,n_2-1)$	

2．*P* 值法

在 P 值法中，P 值计算与双侧检验时计算方法一样，不同的是决策依据上。当 $P<\alpha$ 时，拒绝原假设，否则不应拒绝原假设。

3．统计工具法

（1）一个总体的检验

统计工具法借助“Data Analysis Plus”程序，具体步骤：“工具”——“Data Analysis Plus”——可依次找到“Chi-Squared Test:Variance”（正态总体方差检验）、“Z-Test: Mean”（总体均值 Z 检验）、“T-Test: Mean”（总体均值 T 检验）和“Z-Test：Proportion”（总体成数检验）和“Z-Test：Two Proportion”（两个总体成数检验），如图 6-1、6-2 所示：

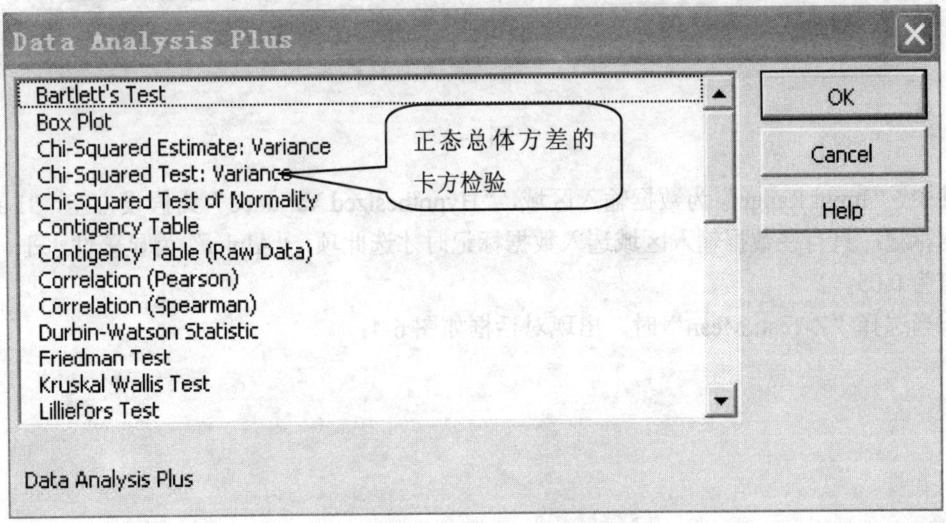

图 6–1

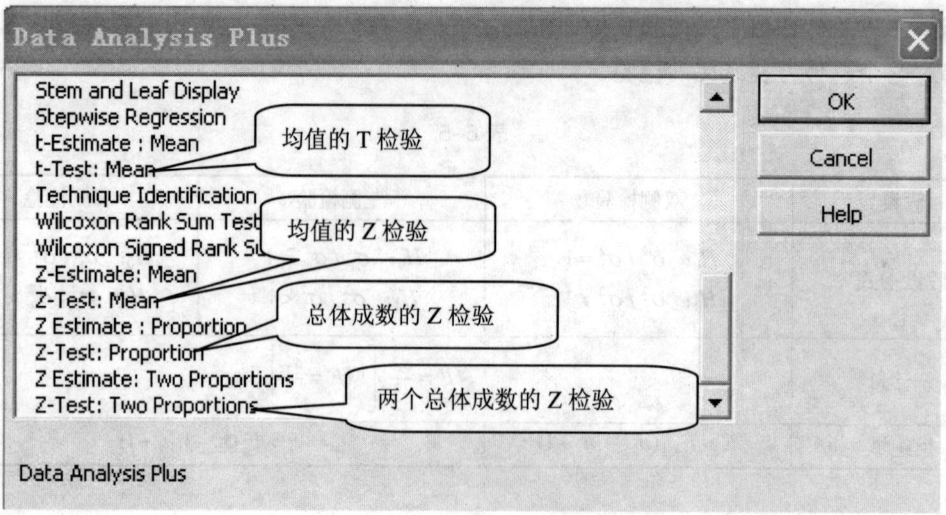

图 6–2

①当选择“Chi-Squared Test:Variance”时，出现对话框如图 6-3：

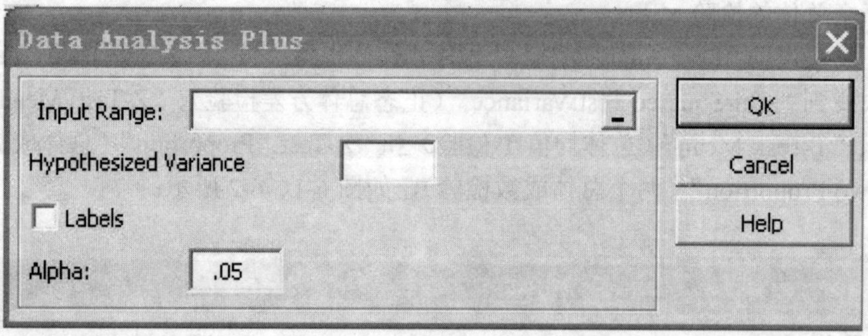

图 6–3

其中，“Input Range”为数据输入区域，“Hypothesized Variance”为假设方差，“Labels”为数据标记，只有在数据输入区域选入数据标记时才选此项，“Alpha”为显著性水平，系统默认值为 0.05。

②当选择“Z-Test: Mean”时，出现对话框如图 6-4：

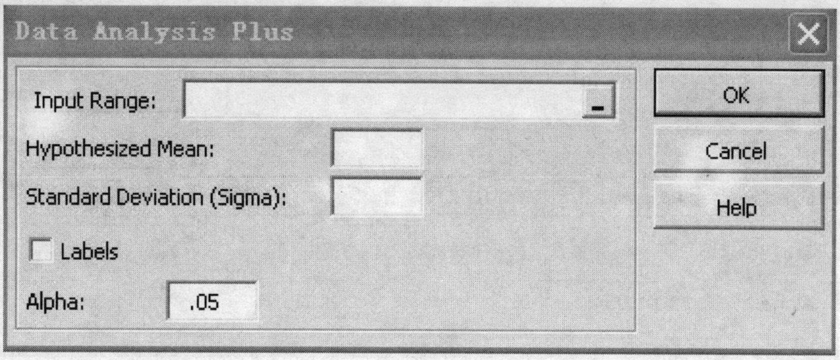

图 6–4

其中，“Input Range”为数据输入区域，“Hypothesized Mean”为假设均值，“Standard Deviation（SIGMA）”为标准差，“Labels”为数据标记，只有在数据输入区域选入数据标记时才选此项，“Alpha”为显著性水平，系统默认值为 0.05。

③当选择“T-Test: Mean”时，出现对话框如图 6-5：

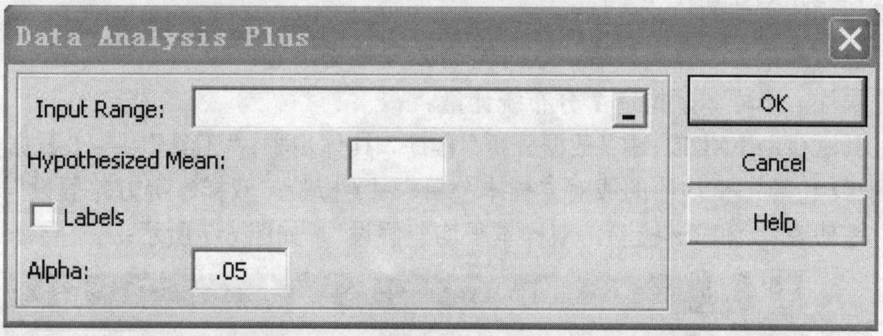

图 6–5

其中，“Input Range”为数据输入区域，“Hypothesized Mean”为假设均值，“Labels”为数据标记，只有在数据输入区域选入数据标记时才选此项，“Alpha”为显著性水平，系统默认值为 0.05。

注：图 6-4 和图 6-5 的不同之处是图 6-4 中有“Standard Deviation（SIGMA）”即总体标准差这一选项，图 6-5 中则无此选项。原因是图 6-4“Z-Estimate: Mean”的条件是总体方差已知，所以有输入总体标准差σ（SIGMA）这一选项，而图 6-5“T-Estimate: Mean”的条件则是总体方差未知。

④当选择“Z-Test: Proportion”时，出现对话框如图 6-6：

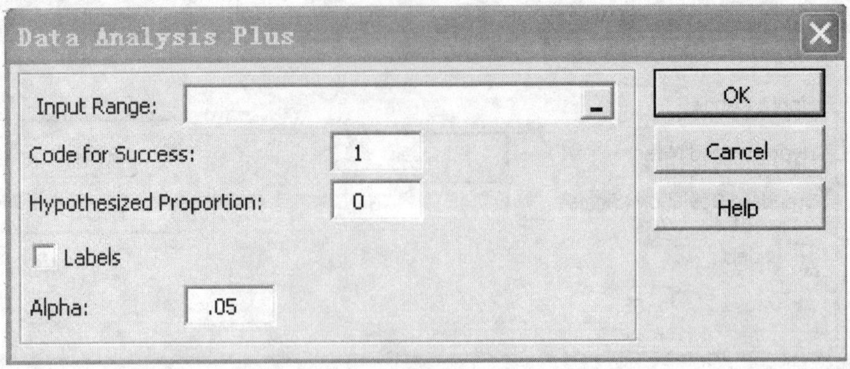

图 6–6

其中，“Input Range”为数据输入区域，“Code for Success”为成功的代码，系统默认值为 1，“Hypothesized Proportion”为假设比例，系统默认值为 0，“Labels”为数据标记，只有在数据输入区域选入数据标记时才选此项，“Alpha”为显著性水平，系统默认值为 0.05。

（2）两个总体的检验

两个总体均值之差的检验包括：

①方差已知和未知，且大样本，这时构造 Z 分布统计量。

②方差未知，小样本，构造 T 分布统计量。

统计工具法借助 EXCEL 中“数据分析”程序，具体步骤：“工具”——“数据分析”——可依次找到“*t*-检验：平均值的成对二样本分析”、“*t*-检验：双样本等方差假设”、“*t*-检验：双样本异方差假设”、和“*z*-检验：双样本平均差假设”，如图 6-7 所示：

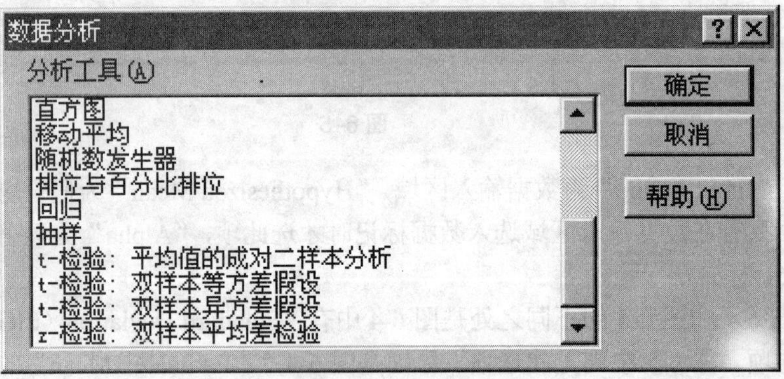

图 6–7

平均值的成对二样本分析实际上指的是在总体方差已知的条件下两个样本均值之差的检验，准确说应该是 Z 检验，在【数据分析】对话框中选择【*z*-检验：双样本平均差检验】。

双样本等方差检验是总体方差未知，但假定其相等的条件下进行的 t 检验，在【数据分析】对话框中选择【*t*-检验：双样本等方差假设】。

双样本异方差检验指的是总体方差未知，但假定其不等的条件下进行的 t 检验，双样本平均差检验指的是配对样本的 t 检验。在【数据分析】对话框中选择【t-检验：双样本等方差假设】。

（3）两个配对样本均值之差的检验

$$t=\frac{\overline{d}-d_0}{s_d\big/\sqrt{n_d}}\sim t(n-1)$$

在【数据分析】对话框中选择【t-检验：两样本均值之差的假设】。

三、例题分析

1．一个总体均值的检验

【例 6-1】一种机床加工的零件尺寸绝对平均误差为 1.35mm。为检验新机床加工的零件平均误差与旧机床相比是否有显著差异，从某天生产的零件中随机抽取 50 个进行检验（如表 6-6 所示）。利用这些样本数据，检验新机床加工的零件尺寸的平均误差与旧机床相比是否有显著差异。（α=0.01）

表 6–6

1.26	1.19	1.31	0.97	1.81	0.99	1.45	1.24	1.01	2.03
1.13	0.96	1.06	1	0.94	1.98	1.97	0.91	1.22	1.06
0.98	1.1	1.12	1.03	1.16	1.11	1.54	1.08	1.1	1.64
1.12	1.12	0.95	1.02	1.13	1.7	2.37	1.38	1.6	1.26
1.23	0.74	1.5	0.5	0.59	1.17	1.12	1.23	0.82	0.86

（1）临界值法和 P 值法的主要计算步骤如下：

首先计算出样本均值、样本标准差，并列出样本数、总体均值、显著性水平。然后计算检验统计量的值。然后运用临界值法和 P 值法计算结果，如图 6-8 所示。

方法一：临界值法

首先，计算临界值 $z_{\alpha/2}$，在 I12 单元格中输入“=ABS（NORMSINV（H6/2））”，得到 $z_{\alpha/2}$ 的绝对值为 2.575829。

然后，将检验统计量 z 值与临界值 $z_{\alpha/2}$ 进行比较。因为 $|z|>z_{\alpha/2}$，拒绝原假设，接受备择假设，即“认为新机床加工零件尺寸的平均误差与旧机床相比有显著差异”。

方法二：P 值法

在 H19 单元格中输入“=NORMSDIST（J8）”，其中 J8 为检验统计量的值-2.6061，计算得到 P 值为 0.004579。

方法三：P 值法

在 H23 单元格中输入“=ZTEST（A3:E12，H5）”，其中 J8 为检验统计量的值-2.6061，

计算得到 P 值为 0.995421，然后在 H24 单元格中输入“=1-H23”，得到 P 值为 0.004579。

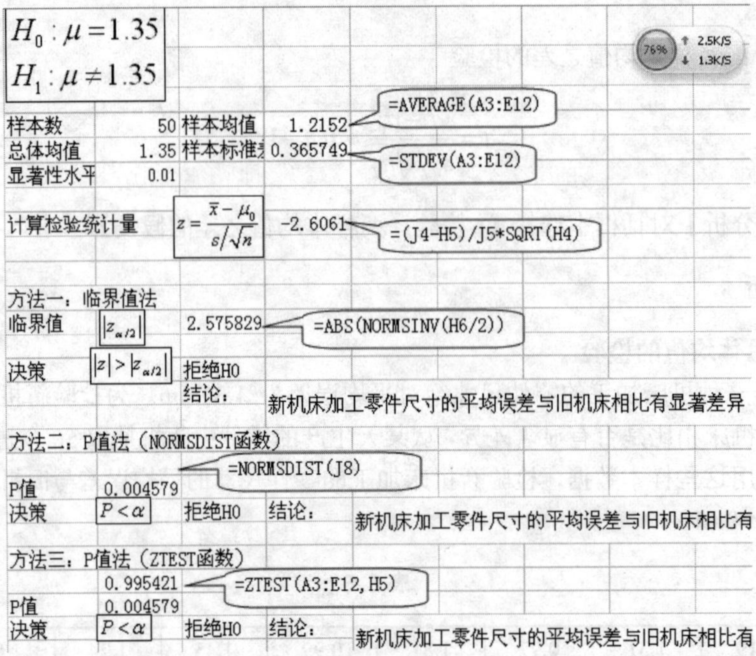

图 6–8

（2）统计工具法：

步骤：“工具”——“Data Analysis Plus”——“Z-Test Mean”，出现对话框，如图 6-9 所示：

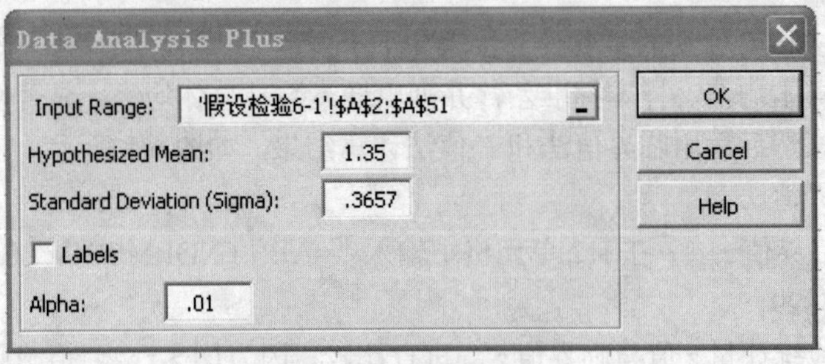

图 6–9

其中，“Input Range”为数据区域，“Hypothesized Mean”为假设均值，本例中为 1.35，“Standard Deviation”为标准差，本例中为 0.3657，“Labels”为数据标记，只有在数据输入区域选入数据标记时才选此项，“Alpha”为显著性水平，系统默认值为 0.05，本例中为 0.01。选 OK 按钮，输出结果如图 6-10 所示：

Z-Test: Mean			
			Column 1
Mean			1.2152
Standard Deviation			0.3657
Observations			50
Hypothesized Mean			1.35
SIGMA			0.3657
z Stat			-2.6065
P(Z<=z) one-tail			0.0046
z Critical one-tail			2.3263
P(Z<=z) two-tail			0.0092
z Critical two-tail			2.5758

图 6–10

查看双侧检验 P 值，P=0.0092＜0.01，所以拒绝原假设 H_0，接受备择假设 H_1，认为新机床加工零件尺寸的平均误差与旧机床相比有显著差异。

【例 6-2】一种机床加工的零件尺寸绝对平均误差为 1.35mm。生产厂家现采用一种新的机床进行加工以期进一步降低误差。为检验新机床加工的零件平均误差与旧机床相比是否有显著降低，从某天生产的零件中随机抽取 50 个进行检验。利用这些样本数据，检验新机床加工的零件尺寸的平均误差与旧机床相比是否有显著降低？（α=0.01）

解答：结果如图 6-11 所示。

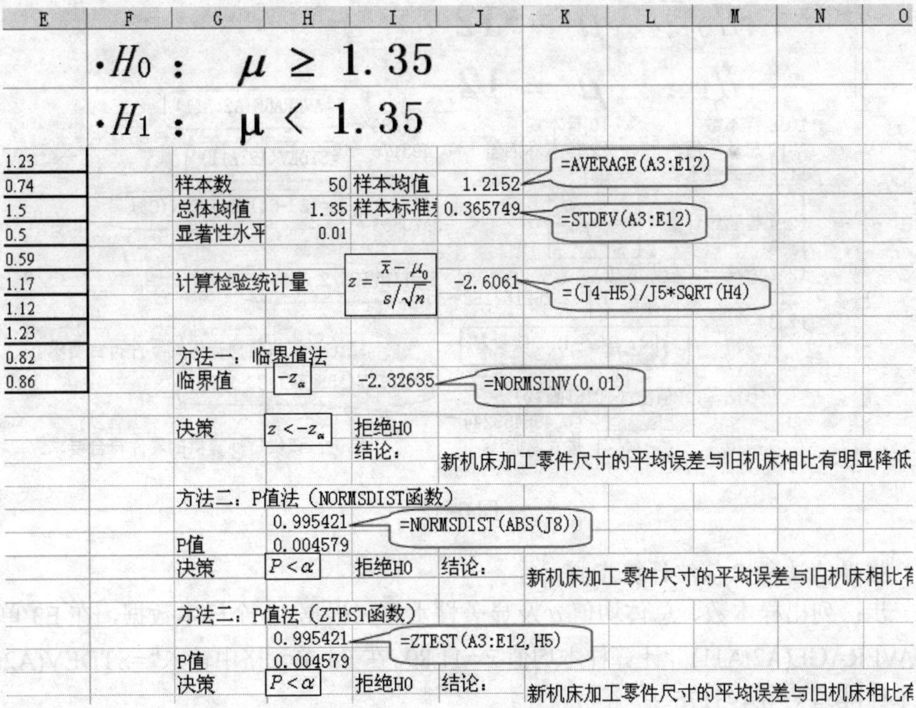

图 6–11

（1）本例计算过程和【例 6-1】计算过程很相似，主要区别如下：

① 在临界值法中，决策依据为，当 $z<-z_\alpha$ 拒绝 H_0。本例中，因为 $z=-2.6061<-z_\alpha=-2.58$，因此，拒绝 H_0，接受 H_1。

②在 P 值法中，P 值计算与双侧检验时计算方法一样，不同的是决策依据，当 $P<\alpha$ 时，拒绝 H_0。认为新机床加工的零件尺寸的平均误差与旧机床相比有显著降低。

（2）统计工具法：

参见【例 6-1】，结果查看单侧检验的 P 值，P=0.0046＜0.01，拒绝 H_0，接受 H_1。认为新机床加工的零件尺寸的平均误差与旧机床相比有显著降低。

【例 6-3】一种汽车配件的平均长度要求为 12cm，高于或低于该标准均被认为是不合格的。汽车生产企业在购进配件时，通常是经过招标，然后对中标的配件提供商提供的样品进行检验，以决定是否购进。现对一个配件提供商提供的 10 个样本进行了检验（结果如表 6-7）。假定该供货商生产的配件长度服从正态分布，在 0.05 的显著性水平下，检验该供货商提供的配件是否符合要求？

表 6-7

12.2	10.8	12	11.8	11.9	12.4	11.3	12.2	12	12.3

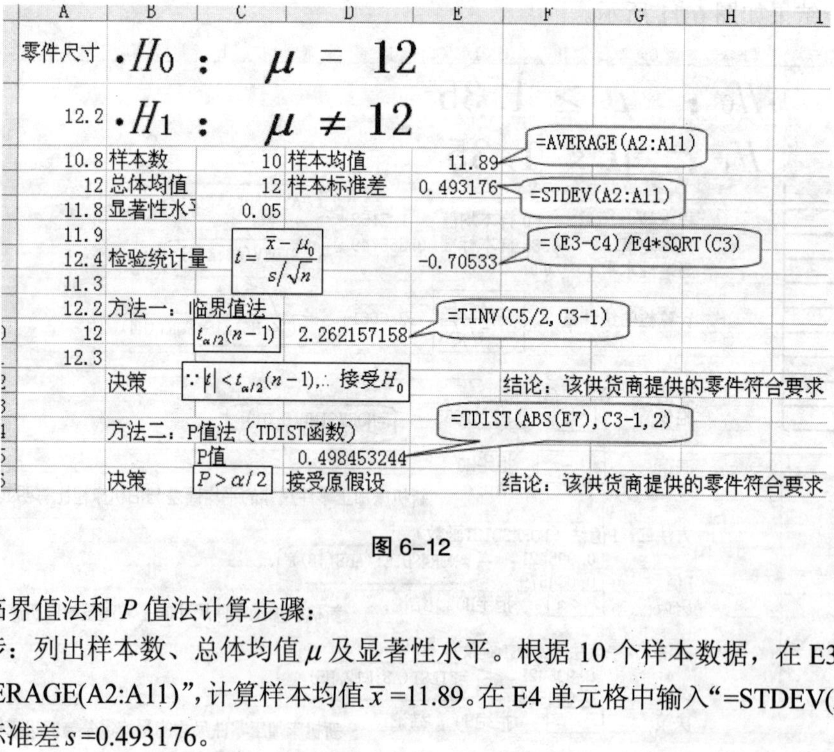

图 6-12

（1）临界值法和 P 值法计算步骤：

第一步：列出样本数、总体均值 μ 及显著性水平。根据 10 个样本数据，在 E3 单元格中输入“=AVERAGE(A2:A11)”，计算样本均值 $\bar{x}$=11.89。在 E4 单元格中输入“=STDEV(A2:A11)”，计算样本标准差 s=0.493176。

第二步：计算检验统计量 t，在 E7 单元格中输入“=（E3-C4）/E4*SQRT（C3）”计算

检验统计量 t=−0.70533。

第三步：做出决策。

①采用临界值法，先计算临界值 $t_{\alpha/2}(n-1)$，在 D10 单元格中输入“=TINV(C5/2，C3-1)”计算临界值 $t_{\alpha/2}(n-1)$=2.685。根据临界值法进行判断，因为 $|t|<t_{\alpha/2}(n-1)$，所以接受 H_0。

②采用 P 值法。计算 P 值，在 D15 单元格中输入“=TDIST(ABS(E7)，C3-1，2)”计算临界值 P=0.4985。因为 $P>\alpha\mu$，得出不拒绝 H_0 的结论，即“认为该供货商提供的零件符合要求”。

（2）统计工具法：

步骤：“工具”——“Data Analysis Plus”——“T-Test: Mean”，出现对话框，把原始数据选入，假设均值为 12，即 μ=12，显著性水平 α=0.05。如图 6-13 所示。

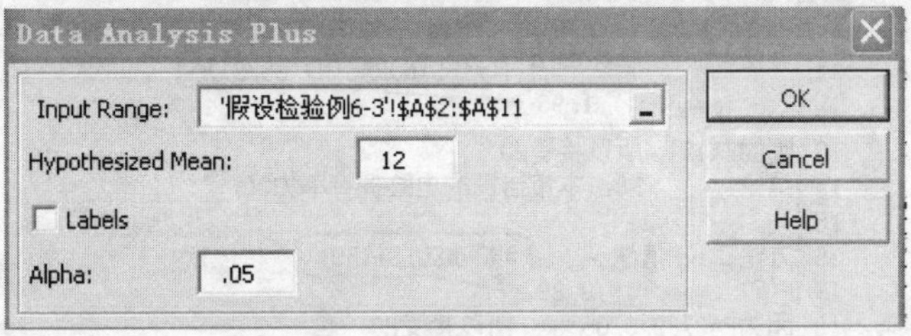

图 6–13

选择“OK”，结果如图 6-14 所示：

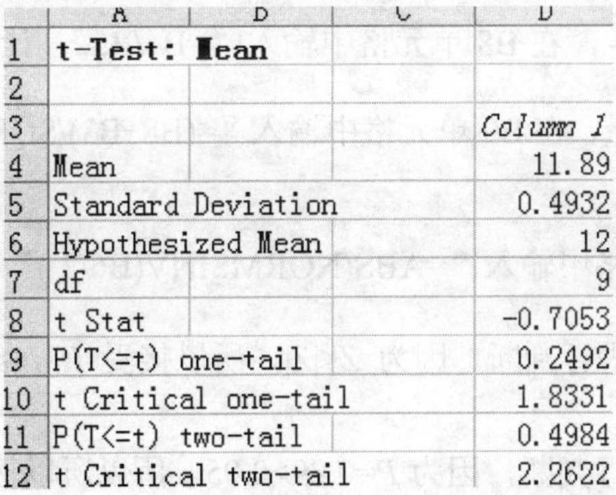

	A	B	C	D
1	t-Test: Mean			
2				
3				Column 1
4	Mean			11.89
5	Standard Deviation			0.4932
6	Hypothesized Mean			12
7	df			9
8	t Stat			-0.7053
9	P(T<=t) one-tail			0.2492
10	t Critical one-tail			1.8331
11	P(T<=t) two-tail			0.4984
12	t Critical two-tail			2.2622

图 6–14

查看双侧检验的 P 值，P=0.4984＞0.05，所以接受 H_0，认为该供货商提供的配件符合要求。

2．一个总体成数（比例）的检验

【例 6-4】某研究者估计本市居民的电脑拥有率为 30%，先随机抽查了 200 户的家庭，其中有 68 户家庭拥有电脑，试问在显著性水平 α=0.05 的要求下，研究者的估计是否可信。

解答：

根据已知条件，π_0=30%，n_1=68，n=200，α=0.05，如图 6-15 所示，具体操作步骤如下：

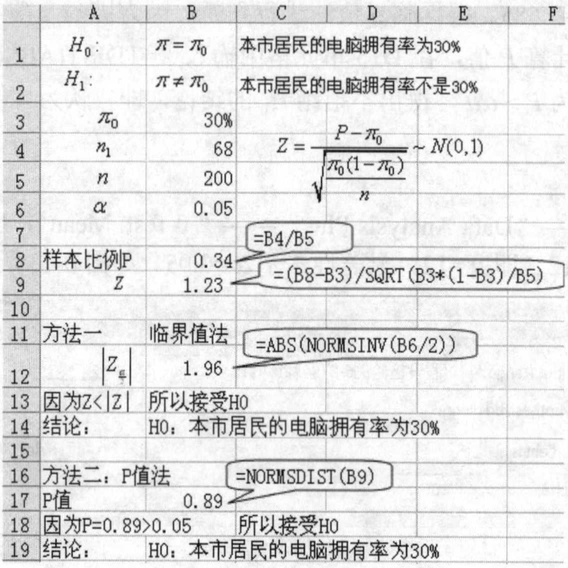

图 6-15

第一步：先计算 $p=\dfrac{n_1}{n}$，在 B8 单元格中输入“=B4/B5”，计算 P 值为 0.34。

第二步：计算 Z 统计量，在 B9 单元格中输入“=(B8-B3)/SQRT(B3*(1-B3)/B5)”，得到 Z 值为 1.23。

第三步：在 B12 单元格中输入“=ABS(NORMSINV(B6/2))”，计算临界值 $Z_{\frac{\alpha}{2}}$ 。

采用第一种临界值法进行判断，因为 $Z<|Z|$，所以接受 H_0，结论：本市居民的电脑拥有率为 30%。

采用第二种 P 值法进行判断，因为 P=0.89>0.05，所以所以接受 H_0，结论：本市居民的电脑拥有率为 30%。

两种方法得到的结论都是：在 0.05 的显著性水平下，本市居民的电脑拥有率为 30%。

3．一个总体方差的检验

【例 6-5】某厂商生产出一种新型的音量装瓶机器，按设计要求，该机器装一瓶 1000ml 的饮料误差上下不超过 1ml。如果达到设计要求，表明机器的稳定性非常好。现从该机器装完的产品中随机抽取 25 瓶，分别进行测定（用样本观测值分别减 1000ml），得到如表 6-8 所示的结果。

表 6–8

0.3	−0.4	−0.7	1.4	−0.6
−0.3	−1.5	0.6	-0.9	1.3
−1.3	0.7	1	-0.5	0
−0.6	0.7	−1.5	-0.2	−1.9
−0.5	1	−0.2	-0.6	1.1

试以 α=0.05 的显著性水平检验该机器的性能是否达到设计要求。

解答：

根据已知条件，$\sigma_0^2=1$，$n=25$，$\alpha=0.05$。这里采用双侧检验，如果样本统计量 $\chi^2 \geqslant \chi^2_{\frac{\alpha}{2}}(n-1)$ 或 $\chi^2 \leqslant \chi^2_{1-\frac{\alpha}{2}}(n-1)$，则拒绝原假设；若 $\chi^2_{1-\frac{\alpha}{2}}(n-1) \leqslant \chi^2 \leqslant \chi^2_{\frac{\alpha}{2}}(n-1)$，则不能拒绝原假设。建立原假设和备择假设如下：

$H_0: \sigma_0^2=1$，机器性能达到设计要求。

$H_1: \sigma_0^2 \neq 1$，机器性能达不到设计要求。

如图 6-16 所示，具体操作步骤如下：

第一步：计算样本标准差，在 C8 单元格中输入“=STDEV(A2:A26)”，得到 s=0.93。

第二步：计算检验统计量，在 C12 单元格中输入“=(C6−1)*C8*C8/C5”，得到 χ^2=20.78。

第三步：统计决策。

方法一：采用临界值判断法。先在 C16 单元格中输入“=CHIINV(C7/2，C6−1)”，得到 $\chi^2_{\frac{\alpha}{2}}(n-1)$ =39.36，然后在 C18 单元格中输入“=CHIINV(1-C7/2，C6−1)”，得到 $\chi^2_{1-\frac{\alpha}{2}}(n-1)$=12.40。根据 12.40＜20.78＜39.36，即 $\chi^2_{1-\frac{\alpha}{2}}(n-1) \leqslant \chi^2 \leqslant \chi^2_{\frac{\alpha}{2}}(n-1)$，不能拒绝原假设，接受 H_0。

方法二：采用 P 值判断法。在 C24 单元格中输入“=CHIDIST(D12，C6−1)”，得到 P=0.65，根据决策依据 $P<\alpha$ 时拒绝原假设。因此，不能拒绝原假设，即接受 H_0。

最后的结论：不拒绝原假设，即在 0.05 的显著性水平下可以认为该机器的性能达到了设计要求。

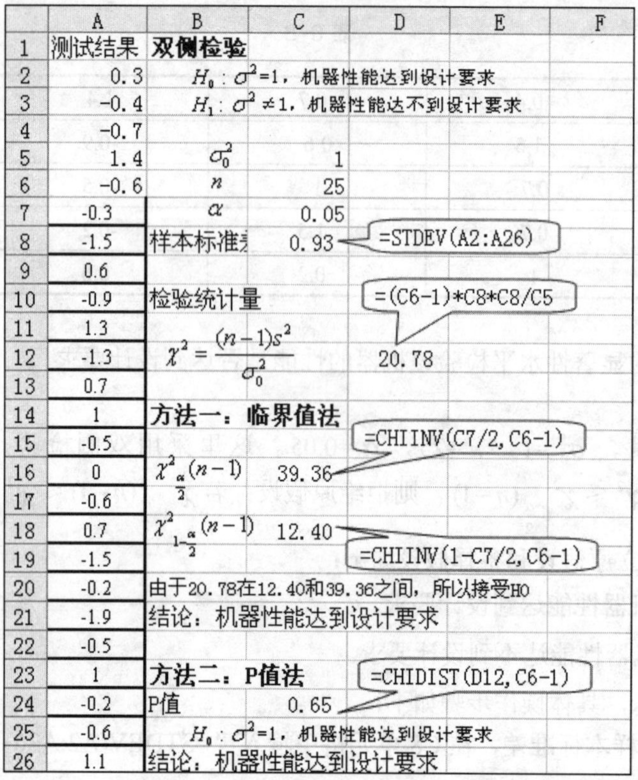

图 6–16

方法三：统计工具法

步骤：点击“工具”——“Data Analysis Plus”——“T-Test: Mean”，出现对话框，把原始数据选入，假设方差为 1，即 $\sigma_0^2=1$，显著性水平 $\alpha=0.05$，如图 6-17 所示。

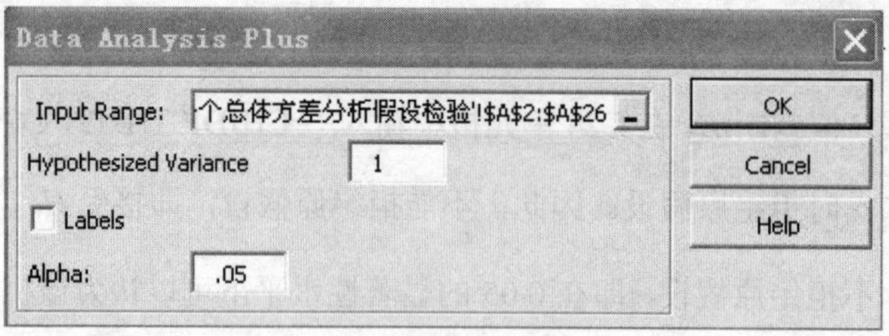

图 6–17

选择“OK”，结果如图 6-18 所示。

	A	B	C	D
1	**Chi Squared Test: Variance**			
2				
3				*Column 1*
4	Sample Variance			0.8659
5	Hypothesized Variance			1
6	df			24
7	chi-squared Stat			20.7816
8	P (CHI<=chi) one-tail			0.3484
9	chi-squared Critical one tail	Left-tail		13.8484
10		Right-tail		36.4150
11	P (CHI<=chi) two-tail			0.6969
12	chi-squared Critical two tail	Left-tail		12.4012
13		Right-tail		39.3641

图 6–18

4．两个总体均值之差的假设检验

（1）方差已知或方差未知并且大样本的情况下

$$z=\frac{(\bar{x}_1-\bar{x}_2)-(\mu_1-\mu_2)}{\sqrt{\frac{\sigma_1^2}{n_1}+\frac{\sigma_2^2}{n_2}}}\sim N(0,1) \qquad z=\frac{(\bar{x}_1-\bar{x}_2)-(\mu_1-\mu_2)}{\sqrt{\frac{s_1^2}{n_1}+\frac{s_2^2}{n_2}}}\sim N(0,1)$$

（2）方差未知且小样本情况下，构造 T 分布统计量

方差相等：在【数据分析】对话框中选择【t-检验：双样本等方差假设】

方差不等：在【数据分析】对话框中选择【t-检验：双样本等方差假设】

（3）两个配对样本均值之差的检验

$$t=\frac{\bar{d}-d_0}{s_d\big/\sqrt{n_d}}\sim t(n_1-1)$$

$$p=\frac{n_1}{n}$$

在【数据分析】对话框中选择【t-检验：两样本均值之差的假设】。

【例 6-6】某厂铸造车间比较镍合金铸件和铜合金铸件的耐磨性，现从两种铸件中各抽一个样本进行硬度测试（表示耐磨性的一种考核指标），其结果如下：

合镍铸件（X） 72.0 69.5 74.0 70.5 71.8 72

合铜铸件（Y） 69.8 70.0 72.0 68.5 73.0 70.0

根据以往经验知硬度 $X\sim N\left(\mu_1,\sigma_1^2\right)$，$Y\sim N\left(\mu_1,\sigma_2^2\right)$，且 $\sigma_1=\sigma_2=2$，试在 $\alpha=0.05$ 水平上比较两种合金铸件硬度有无显著差异。

方法一：临界值法（如图 6-19）

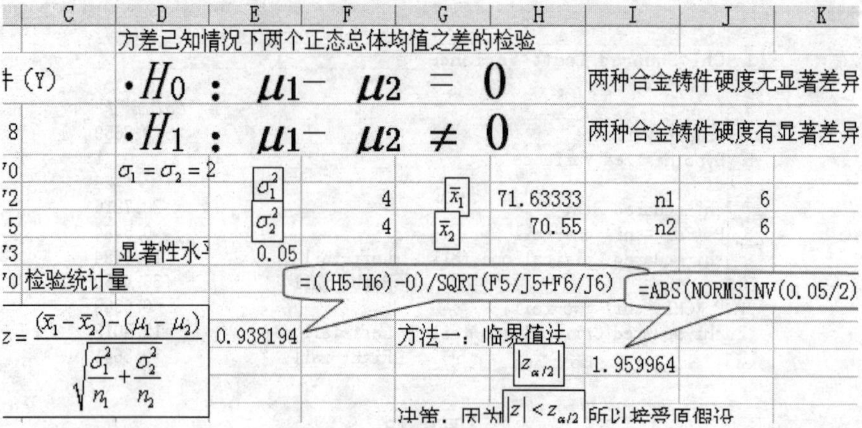

图 6–19

方法二：数据分析工具法

计算步骤如下：

第一步：输入数据到工作表。

第二步：单击工具菜单，选择数据分析选项，弹出对话框后，在其中选择双样本平均差分析，弹出对话框如图 6-20 所示：

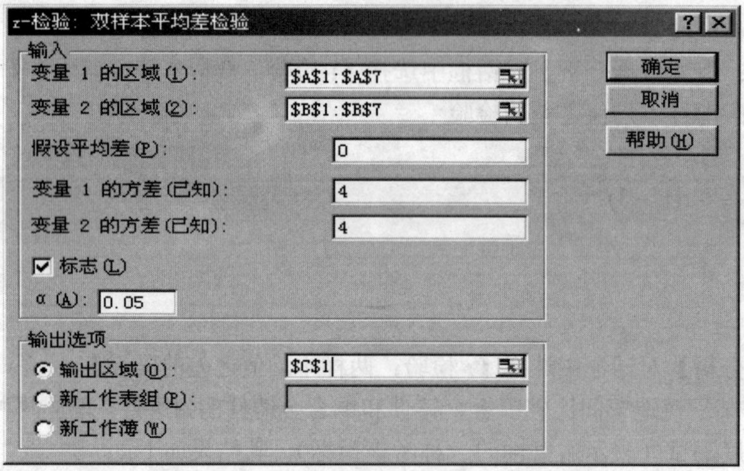

图 6–20

第三步：按上图所示输入后，按确定按钮，得输出结果如图 6-21：

z-检验：双样本均值分析

	变量 1	变量 2
平均	71.63333	70.55
已知协方差	4	4
观测值	6	6
假设平均差	0	
z	0.938194	
P(Z<=z) 单	0.174072	
z 单尾临界	1.644854	
P(Z<=z) 双	0.348145	
z 双尾临界	1.959964	

图 6–21

在上面的结果中，我们可以根据 P 值进行判断，也可以根据统计量和临界值比较进行判断。如本例采用的是双尾检验，其双尾 P 值为 0.348，大于给定的显著性水平 0.05，所以应该接受原假设，即两种金铸件硬度没有显著差异。

【例 6-7】一个以减肥为主要目标的健美俱乐部声称，参加其训练班至少可以使减肥者平均体重显著下降 8.5 公斤。为了验证该宣称是否可信，调查人员随机抽取了 10 名参加者，得到他们的体重记录如表 6-9：

表 6–9

训练前	94.5	101	110	103.5	97	88.5	96.5	101	104	116.5
训练后	85	89.5	101.5	96	86	80.5	87	93.5	93	102

在 $\alpha=0.05$ 的显著性水平下，调查结果是否支持该俱乐部的声称？

使用数据分析中的 t 检验：

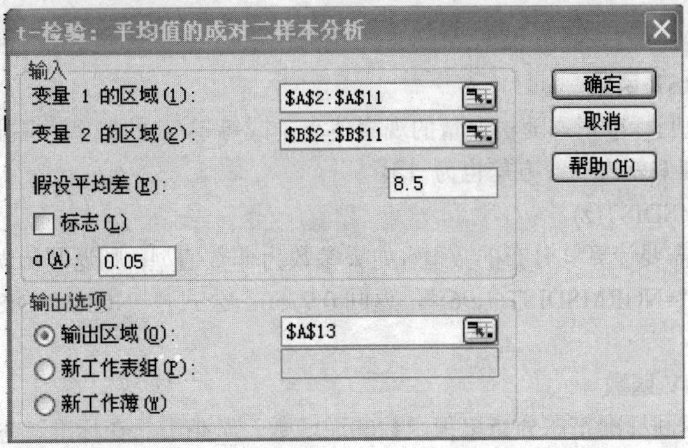

图 6–22

	A	B	C	D	E	F	G	H	I
1	训练前	训练后	差值di	小样本下两个配对样本的均值之差的检验					
2	94.5	85	9.5	$\cdot H_0: \mu_1 - \mu_2 \leqslant 8.5$					
3	101	89.5	11.5	$\cdot H_1: \mu_1 - \mu_2 > 8.5$					
4	110	101.5	8.5	n	10	差值均值	9.85	=AVERAGE(C2:C11	
5	103.5	96	7.5	显著性水	0.05	差值标准	2.199116	=STDEV(C2:C11)	
6	97	86	11						
7	88.5	80.5	8	检验统计量	$t=\frac{\bar{x}_D - D_0}{s_D/\sqrt{n_D}}$		1.941269		
8	96.5	87	9.5						
9	101	93.5	7.5	**方法一：临界值法**			=(G4-8.5)/G5*SQRT(10)		
10	104	93	11	临界值	$t_\alpha(n-1)$	1.833113	=TINV(0.1,E4-1)		
11	116.5	102	14.5						
12	**方法三：数据分析工具法**			决策：	$t>t_\alpha(n-1)$	拒绝原假设			
13	t-检验：成对双样本均值分析								
14				结论：认为该俱乐部的声明是可信的					
15		变量 1	变量 2	**方法二：P值法**					
16	平均	101.25	91.4	P值	0.042069	决策	$P<\alpha$	拒绝原假设	
17	方差	63.40278	50.48889		=TDIST(G7,9,1)				
18	观测值	10	10						
19	泊松相关	0.963753							
20	假设平均	8.5							
21	df	9							
22	t Stat	**1.94127**							
23	P(T<=t) 单	**0.04207**							
24	t 单尾临	**1.83311**							
25	P(T<=t) 双	0.084138							
26	t 双尾临	2.262157							

图 6–23

附录：参数估计和假设检验中常用函数

1. NORMSDIST 函数

函数功能：返回标准正态随机变量的观察值小于或等于 z 的概率。标准正态随机变量的平均值为 0，标准偏差为 1（方差也为 1）。

语法：NORMSDIST(z)

参数：z 表示需要计算其分布的数值。如果参数为非数值型，则返回错误值“#VALUE!”。

实例：公式“=NORMSDIST(1.96)”，返回 0.9750。公式“=NORMSDIST(−2.6061)”，返回 0.004579。

2. NORMSINV 函数

函数功能：返回标准正态分布累积函数的逆函数，数值 z。在标准正态分布条件下由概率计算随机变量值。

语法：NORMSINV(p)

参数：p 表示正态分布的概率值。必须大于 0 小于 1。

实例：公式“=NORMSINV（0.933192771）”，返回 1.499997779（即 1.5）。

3. ZTEST 函数

函数功能：返回 z 检验的单尾概率值。对于给定的假设总体平均值 $\mu 0$，ZTEST 返回样本平均值大于数据集（数组）中观察平均值的概率，即观察样本平均值。

语法：ZTEST（array，μ0，sigma）

参数：①Array 栏必须填入相关数据，这是用来检验 $\mu 0$ 的数组或数据区域。②$\mu 0$ 栏必须填入相关数据，这是被检验的值。③Sigma 可选择填入，为样本总体（已知）的标准偏差，如果省略，则使用样本标准偏差。

4. TDIST 函数

函数功能：返回学生 t 分布的百分点（概率），其中，数字值（x）是用来计算百分点的 t 的计算值。t 分布用于小型样本数据集的假设检验。可以使用该函数代替 t 分布的临界值表。

语法：TDIST(x，deg_freedom，tails)

参数：①X 栏必须填入相关数据，这是计算分布的数值。

②Deg_freedom 栏必须填入相关数据，这是表示自由度数的整数。

③tails 栏必须填入相关数据，这是指定返回的分布函数是单尾分布还是双尾分布。如果 Tails = 1，则 TDIST 返回单尾分布。如果 Tails = 2，则 TDIST 返回双尾分布。

实例：公式“=TDIST(1.959999998，60，2)”返回 0.0546。公式“=TDIST(1.959999998，60，1)”返回 0.0273。

说明：如果任一参数为非数值的，则 TDIST 返回错误值“#VALUE!”。

如果 Deg_freedom < 1，则 TDIST 返回错误值“#NUM!”。

参数 Deg_freedom 和 Tails 将被截尾取整。

如果 Tails 是除 1 或 2 之外的任何值，则 TDIST 返回错误值“#NUM!”。

如果 $x < 0$，则 TDIST 返回错误值“#NUM!”。

如果 Tails = 1，TDIST 的计算公式为 TDIST = $P(X>x)$，其中 X 为服从 t 分布的随机变量。如果 Tails = 2，TDIST 的计算公式为 TDIST = $P(|X| > x) = P(X > x \text{ or } X < -x)$。

因为不允许 $x < 0$，所以当 $x < 0$ 时要使用 TDIST，注意：TDIST($-x$,df,1) = 1 – TDIST(x,df,1) = $P(X > -x)$ 和 TDIST($-x$,df,2) = TDIST(x,df,2) = $P(|X| > x)$。

5. TTEST 函数

函数功能：返回与学生 t 检验相关的概率。可以使用函数 T.TEST 判断两个样本是否可能来自两个具有相同平均值的相同基础样本总体。

语法：T.TEST(array1，array2，tails，type)

参数：①Array1 栏必须填入相关数据，这是第一个数据集。

②Array2 栏必须填入相关数据，这是第二个数据集。

③Tails 栏必须填入相关数据，这是指示分布曲线的尾数。如果 tails = 1，函数 T.TEST 使用单尾分布。如果 tails = 2，函数 T.TEST 使用双尾分布。

④Type 栏必须填入相关数据，这是要执行的 t 检验的类型。Type=1，成对；Type=2，

等方差双样本检验；Type=3，异方差双样本检验。

6. TINV 函数

函数功能：返回学生 t 分布的双尾反函数，即 t 值。

语法：TINV(probability,deg_freedom)

参数：①*P*robability 栏必须填入相关数据，这是与双尾学生 t 分布相关的概率。

②Deg_freedom 栏必须填入相关数据，这是代表分布的自由度数。

实例：公式“=TINV(0.05,10)”，返回 2.28139，计算双尾值。

7. CHIDIST 函数

函数功能：返回 χ^2 分布的单尾概率。

语法：CHIDIST(x,degrees_freedom)

参数：①用来计算分布的数值。

②Degrees_freedom 表示自由度。

说明：

如果任何一个参数是非数值的，则 CHIDIST 返回错误值“#VALUE!”。

如果 x 为负数，则 CHIDIST 返回错误值“#NUM!”。

如果 degrees_freedom 不是整数，将被截尾取整。

如果 degrees_freedom ＜ 1 或 degrees_freedom ≥ 10^10，则 CHIDIST 返回错误值“#NUM!”。

CHIDIST 按 CHIDIST = $P(X>x)$ 计算，式中 X 为 γ2 随机变量。

8. CHIINV 函数

函数功能：返回 χ^2 分布单位概率的反函数值。

语法：CHIINV(probability,degrees_freedom)

参数：①probability 表示 χ^2 分布的单尾概率。

②degrees_freedom 表示自由度。

说明：

如果任一参数为非数字型，则函数 CHIINV 返回错误值“#VALUE!”。

如果 probability＜0 或 probability＞1，则函数 CHIINV 返回错误值“#NUM!”。

如果 degrees_freedom 不是整数，将被截尾取整。

如果 degrees_freedom ＜ 1 或 degrees_freedom ≥ 10^10，函数 CHIINV 返回错误值“#NUM!”。

9. FDIST 函数

函数功能：返回两个数据集的（右尾）F 概率分布（变化程度）。

语法：FDIST(x,deg_freedom1,deg_freedom2)

参数：①X 栏必须填入相关数据，这是用来计算函数的值。

②Deg_freedom1 栏必须填入相关数据，这是分子自由度。

③Deg_freedom2 栏必须填入相关数据，这是分母自由度。

说明：

如果任一参数为非数值型，则 FDIST 返回错误值“#VALUE!”。

如果 x 为负数，则 FDIST 返回错误值“#NUM!”。

如果 deg_freedom1 或 deg_freedom2 不是整数，则将被截尾取整。

如果 deg_freedom1 < 1 或 deg_freedom1 ≥ 10^10，则 FDIST 返回错误值“#NUM!”。

如果 deg_freedom2 < 1 或 deg_freedom2 ≥ 10^10，则 FDIST 返回错误值“#NUM!”。

FDIST 的计算公式为 FDIST=$P(F>x)$，其中 F 为呈 F 分布且带有 deg_freedom1 和 deg_freedom2 自由度的随机变量。

10. FINV 函数

函数功能：返回 F 概率分布的反函数值

语法：FINV(probability,degrees_freedom1,degrees_freedom2)

参数：①probability 表示与 F 累积分布相关的概率值；

②degrees_freedoml 表示分子自由度；

③degrees_freedom2 表示分母自由度。

第二节 单因素方差分析

一、实验目的

用 EXCEL 进行单因素方差分析。

二、实验方法及步骤

方差分析（Analysis of Variance）又称变异数分析或 F 检验，其目的是推断两组或多组资料的总体均数是否相同，检验两个或多个样本均数的差异是否有统计学意义。

在 EXCEL 中，单因素方差分析主要有三种方法：临界值法、P 值法和统计工具法。方法介绍和具体步骤如下：

1. 无论选取上述哪种方法，必须先建立原假设和备择假设，在方差分析中，原假设所描述的是在按照自变量取值分成的类中，因变量的均值相等。因此，检验因素的 K 个水平（总体）的均值是否相等，需要提出如下形式的假设：

$H_0: \mu_1 = \mu_2 = \cdots = \mu_i = \cdots = \mu_k$ 自变量对因变量没有显著影响

$H_1: \mu_i (i = 1, 2, \cdots, k)$ 不全相等 自变量对因变量有显著影响

式中，μ_i 表示第 i 个总体的均值。

2. 计算误差平方和

方差分析的检验统计量 $F = \dfrac{MSA}{MSE}$，其中 $MSA = \dfrac{SSA}{k-1}$，即组内平方和 SSA 的均方，

$MSE=\dfrac{SSE}{n-k}$，即组间平方和 SSE 的均方。因此，误差平方和是计算检验统计量的前提，首先应计算误差平方和。

（1）计算各水平的均值 $\bar{x}_i$

$$\bar{x}_i=\frac{\sum_{j=1}^{n_i}x_{ij}}{n_i}\quad(i=1,2,\cdots,k)$$

$\bar{x}_i$ 为第 i 个水平的样本均值，n_i 为第 i 个总体样本观察值的个数，x_{ij} 表示第 i 个总体的第 j 个观察值。

（2）计算全部观察值的均值 $\bar{\bar{x}}$

$$\bar{\bar{x}}=\frac{\sum_{i=1}^{k}\sum_{j=1}^{n_i}x_{ij}}{n}=\frac{\sum_{i=1}^{k}n_i\bar{x}_i}{n}$$

式中：$n=n_1+n_2+\cdots+n_k$。

（3）计算总平方和 SST、组内平方和 SSE、组间平方和 SSA

$$SST=\sum_{i=1}^{k}\sum_{j=1}^{n_i}\left(x_{ij}-\bar{\bar{x}}\right)^2$$

$SSE=\sum_{i=1}^{k}\sum_{j=1}^{n_i}\left(x_{ij}-\bar{x}_i\right)^2$，将每个水平的各观测值与该水平的平均值相减得到组内误差，反映了各观测值 x_{ij} 对该组均值 $\bar{x}_i$ 的偏离程度，反映了随机误差，然后求其平方和。

$SSA=\sum_{i=1}^{k}\sum_{j=1}^{n_i}\left(\bar{x}_i-\bar{\bar{x}}\right)^2=\sum_{i=1}^{k}n_i\left(\bar{x}_i-\bar{\bar{x}}\right)^2$，将每个水平的平均值 $\bar{x}_i$ 与总平均值 $\bar{\bar{x}}$ 相减得到组间误差反映了每个水平的平均值 $\bar{x}_i$ 与总均值 $\bar{\bar{x}}$ 的偏离程度，反映了系统误差，然后求其平方和。

（4）计算组内均方 MSE 和组间均方 MSA

$$MSE=\frac{SSE}{n-k}$$

$$MSA=\frac{SSA}{k-1}$$

3. 构造检验统计量和方差分析表

检验统计量 $F=\dfrac{MSA}{MSE}\sim F(k-1,n-k)$

k 为因素个数，即组数。n 为所有观察值个数。统计量服从分子自由度为 $k-1$，分母自由度为 $n-k$ 的 F 分布。

构造检验统计量后，建立方差分析表，如表 6-10 所示。

表 6–10

误差来源	平方和（SS）	自由度（df）	均方（MS）	F 值	P 值	F 临界值
组间（因素影响）	SSA	$k-1$	MSA	$\frac{MSA}{MSE}$		
组内（误差）	SSE	$n-k$	MSE			
总和	SST	$n-1$				

4. 统计决策

（1）临界值法

比较 F 检验统计量的值和 F 临界值 F_α，如果 $F \leqslant F_\alpha$，则不能推翻原假设 H_0，认为总体均值相等，样本的差异仅仅是由随机因素造成的。如果 $F > F_\alpha$，则落入原假设拒绝域，则总体的均值不完全相对，样本的差异由非随机因素造成。

F 值的判断有两种方法，一是根据显著性水平和自由度，查 F 临界表，另一种是使用 FINV 函数=“FINV（α，自由度 1，自由度 2）”计算。FINV 函数见附录 2。

（2）P 值法

如果 $P < \alpha$，则拒绝原假设。

P 值的判断使用函数 FDIST 函数=“FDIST（F 统计量，分子自由度，分母自由度）”计算。FDIST 函数见附录。

数据分析工具法的详细分析步骤如例 6-8 中所示。

三、例题分析

【例 6-8】为了对几个行业的服务质量进行评价，消费者协会在 4 个行业分别抽取了不同的企业作为样本。最近一年中消费者对总共 23 家企业投诉的次数如表 6-11 所示：

表 6–11

	行业			
观测值	零售业	旅游业	航空公司	家电制造业
1	57	68	31	44
2	66	39	49	51
3	49	29	21	65
4	40	45	34	77
5	34	56	40	58
6	53	51		
7	44			

求在$\alpha = 0.05$的显著性水平下，四个行业的服务质量是否有显著差异？

本例可利用两种方法来分析。

1. 公式法，即临界值法和 P 值法

第一步：建立原假设和备择假设。

H_0：4 个行业的投诉次数均值相等。

H_1：4 个行业的投诉次数均值不全相等。

第二步：计算每个因素观测值的均值及总均值。先计算每个因素的$\bar{x}_i$，即 4 个行业投诉次数的均值。在 B11：E11 单元格中计算 4 个行业投诉次数的均值，分别为 49、48、35、59，然后在 B12 单元格中计算总均值 47.86957≈48。

第三步：计算组内平方和SSE、组间平方和SSA以及组内均方MSE和组间均方MSA。根据上述公式计算得到。

第四步：构造检验统计量$F = \dfrac{MSA}{MSE}$=3.41。

第五步：统计决策。

采用临界值法。利用 FINV 函数="FINV（0.05，4-1，23-4）"得到F_α=3.13。因为$F > F_\alpha$，则落入原假设拒绝域，认为 4 个行业的投诉次数均值不全相等。

采用 P 值法。利用 FDIST 函数="FDIST（3.41，4-1，23-4）"，得到P=0.0388＜α=0.05，则拒绝原假设，认为 4 个行业的投诉次数均值不全相等。

2. 数据分析工具法的步骤

第一步：建立 EXCEL 数据文件。

第二步：单击"工具"选择"数据分析"中的"方差分析：单因素方差分析"，打开主对话框。其中，"输入区域"选择数据区域"$B$4:$E$10"，"分组方式"为"列"，显著性水平系统默认 0.05，在同一个表中选择输入区域，系统默认为新工作表（如图 6-24）。

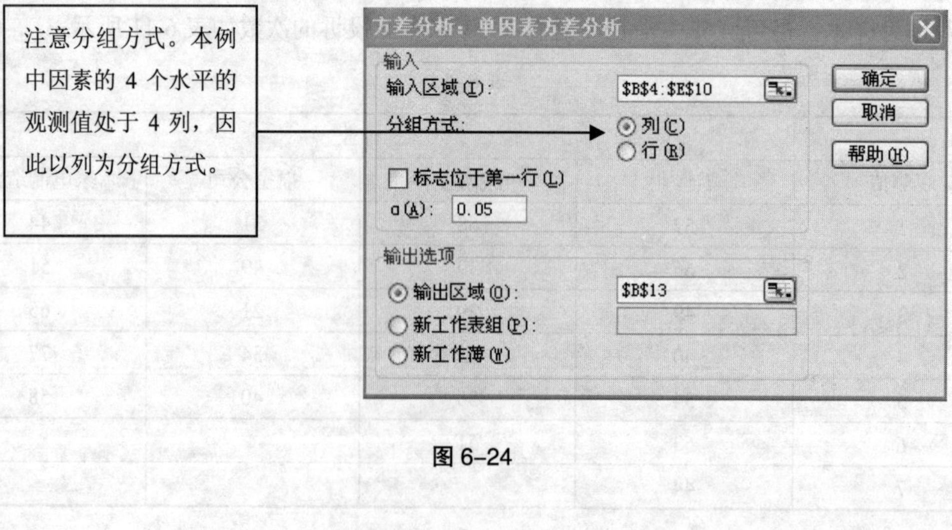

图 6-24

第三步：单击“确定”按钮系统输出所需要的方差分析结果（如图 6-25）。

	A	B	C	D	E	F	G	H	I
1		H0:四个行业的投诉次数均值相等				n	23		
2		H1:四个行业的投诉次数均值不全相等				k	4		
3		零售业	旅游业	航空公司	家电制造	SST	4164.608696		
4		57	68	31	44	SSA	1456.608696		
5		66	39	49	51	SSE	2708	=G4/(G2-1)	
6		49	29	21	65	MSA	485.536232		
7		40	45	34	77	MSE	142.5263158		
8		34	56	40	58	$F=\dfrac{MSA}{MSE}\sim F(k-1,n-k)$		=G5/(G1-G2)	
9		53	51						
10		44						=FINV(0.05,3,19)	
11	均值	49	48	35	59	检验统计量	3.406642691		
12	总均值	47.86957			**临界值法**	临界值	3.127350015		
13		**数据分析工具法**				决策	$F>F_{\alpha}(3,19)$	=FDIST(G11,3,19)	
14		方差分析：单因素方差分析				拒绝 H_0			
15		SUMMARY					结论：四个行业的服务质量有显著差		
16		组	观测数	求和	平均	方差	**P值法**		
17		列 1	7	343	49	116.6667	P值	0.038765	
18		列 2	6	288	48	184.8	因为 $P<\alpha$	拒绝 H_0	
19		列 3	5	175	35	108.5			
20		列 4	5	295	59	162.5			
21		方差分析							
22		差异源	SS	df	MS	F	P-value	F crit	
23		组间	1456.609	3	485.5362	3.406643	0.038764525	3.12735	
24		组内	2708	19	142.5263				
25		总计	4164.609	22					

图 6–25

输出结果包括两部分内容：

（1）描述统计的结果表明四个行业平均投诉次数分别为：49、48、35 和 59，其方差分别为 116.6667、184.8、108.5 和 162.5。

（2）单因素完全随机设计的方差分析表明，四个行业的投诉次数有显著差异，即四个行业的服务质量显著，$F=3.4066$，$P=0.0388<\alpha=0.05$，达到极显著的水平，即行业因素显著影响了服务质量。

【例 6-9】噪音对解决数学问题的影响的单因素方差分析实验

1．实验设计：为了探讨噪音对解决数学问题的影响，研究者设计了下面的实验。

自变量：噪音（水平：强、中、无）。

因变量：被试测验中的错误数量。

被试：随机抽取 24 名被试，再随机把他们分配到强、中、无三个实验组。

2．实验程序：每组被试在接受数学测验时都戴上耳机。强噪音组的被试通过耳机接受 100 分贝的噪音，中度噪音组的被试接受 50 分贝的噪音，无噪音组的被试则没有任何噪音。数学测验结束后计算每位被试的错误数量。

3．实验结果（见表 6-12）：

表 6–12

强（100）	13	12	8	9	10	12	9	11
中（50）	4	5	7	6	4	6	4	5
无（0）	3	2	2	4	3	2	5	4

k=3　n=8　N=24

EXCEL 数据分析过程：

第一步：建立 EXCEL 数据文件（如图 6-26）。

	A	B	C	D	E	F	G	H	I
1	噪音对解决数学问题的影响								
2	强（100）	13	12	8	9	10	12	9	11
3	中(50)	4	5	7	6	4	6	4	5
4	无(0)	3	2	2	4	3	2	5	4

图 6–26

第二步：单击“工具”选择“数据分析”中的“方差分析：单因素方差分析”，打开主对话框。其中，“输入区域”选择数据区域“$B$2:$I$4”，“分组方式”为“行”，显著性水平系统默认 0.05，在同一个表中选择输入区域，系统默认为新工作表（如图 6-27）。

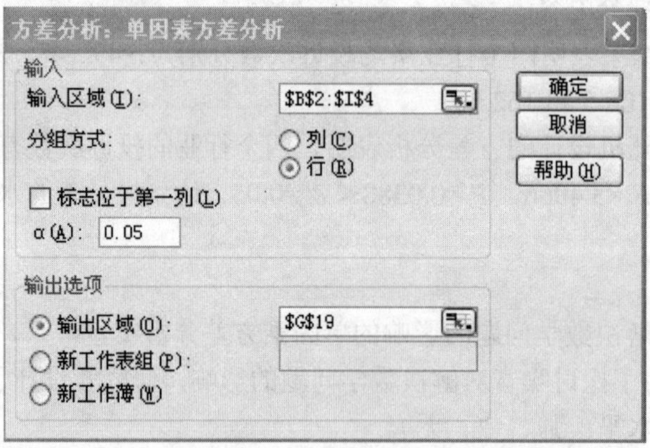

图 6–27

第三步：单击“确定”按钮系统输出所需要的方差分析结果，如图 6-28 所示。

输出结果包括两部分内容：

（1）描述统计的结果表明强、中、无三个实验组测验中的错误数量分别为：84、41 和 25，其方差分别为 3.1429、1.2679 和 1.2679。

（2）单因素完全随机设计的方差分析表明，强、中、无三个实验组测验中的错误数量有显著差异，即噪音对解决数学问题的影响显著，F=61.48，P=1.67E-09<0.05，达到极显著的水平，即噪音显著影响了解决数学问题的能力。

方差分析：单因素方差分析						
SUMMARY						
组	观测数	求和	平均	方差		
行 1	8	84	10.5	3.142857		
行 2	8	41	5.125	1.267857		
行 3	8	25	3.125	1.267857		
方差分析						
差异源	SS	df	MS	F	P-value	F crit
组间	233	2	116.375	61.48113	1.67E-09	3.4668
组内	39.8	21	1.892857			
总计	273	23				

图 6–28

输出结果包括两部分内容：

(1) 描述统计的结果表明三组被试数学测验的平均错误频数分别为：10.50、5.13 和 3.13，其标准差分别为 1.77、1.13 和 1.13。

（2）单因素完全随机设计的方差分析表明，三组被试数学测验出错频数之间差异显著，F=61.48，P=0.000<0.01，达到极显著的水平，即噪音显著影响了数学测验的结果。

第七章　相关与回归分析

一、实验目的

用 EXCEL 进行相关与回归分析，其中包括计算相关系数和建立回归方程式等基本的回归分析，对相关系数、回归系数和回归方程的显著性检验，对回归方程的拟合优度的评价，残差分析等内容。

二、实验方法及步骤

在 EXCEL 中，使用数据分析及 Data Analysis Plus 的相关功能即可以得到回归分析结果。需要注意的是，这一章使用 EXCEl 的功能相对简单，但分析的技术却相对复杂。所以与前几章分别给出几个不同的实验不同，这一章主要注重对基于 EXCEl 的相关与回归分析方法的介绍。

第一节　简单相关与回归

相关与回归是现代统计学中非常重要的内容，它在自然科学、管理科学和社会经济等领域都有着十分广泛的应用。以下分 3 个部分介绍基于 EXCEL 的相关与回归分析的一些基本方法。

一、相关与回归结果的一般分析

【例 7-1】表 7-1 是某一二手车店中某一相同牌子的 25 辆二手车的已行驶里程读表数（千公里）和拍卖价（万元）的数据资料。试根据附表中的资料用相关与回归分析的技术来进行分析。

表 7–1

读表数（x）	价格（y）	读表数（x）	价格（y）
37.4	16.0	32.7	17.4
44.8	15.2	34.5	17.4
45.8	15.0	37.7	16.0
30.9	17.4	41.4	15.9
31.7	17.4	24.5	17.6
34.0	16.1	35.8	16.5
45.9	15.7	48.6	16.0
19.1	17.5	24.2	17.1
40.1	16.6	38.8	15.5
40.2	16.2	45.6	15.7
32.4	16.8	28.7	17.3
43.5	16.0	38.2	16.0
		36.7	15.6

上表资料存于 EXCEL 的附表 7-1 中。

以下是使用 EXCEL 获取分析结果的步骤，共分为两部分：第一部分是散点图的形成，第二部分是一般的 EXCEL 回归分析结果。我们首先来看散点图：

（1）在 EXCEL 的新建文件中输入表 7-1 的资料，或打开文件附表 7-1。

（2）点击图表向导→散点图→确定，即可弹出以下对话框（图 7-1）。

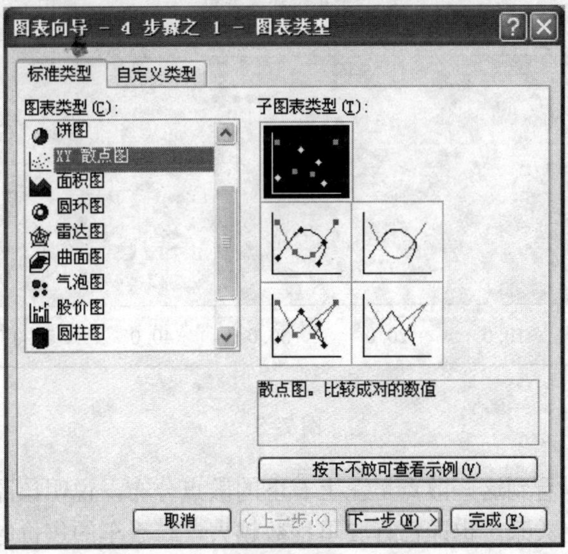

图 7–1

（3）点击下一步，即可弹出以下对话框（图 7-2），在对话框中的数据区域输入数据。

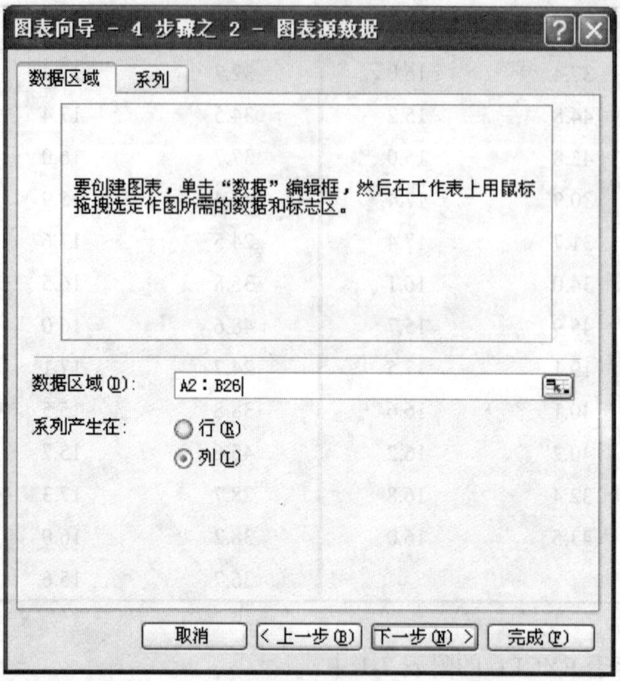

图 7–2

（4）点击下一步，为散点图加上标题即可得以下图形，如图 7-3 所示。

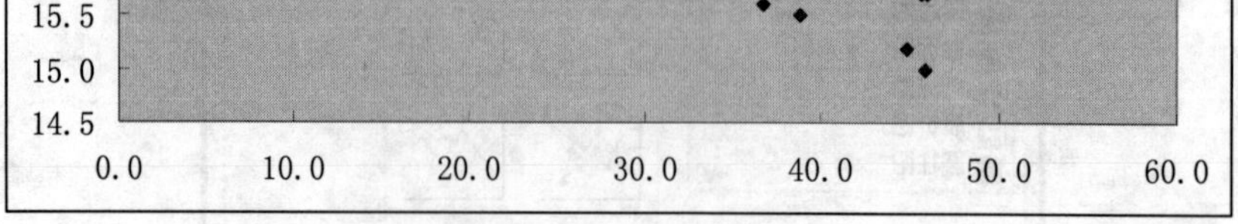

图 7–3

从以上散点图可以看到这些散点呈左上右下的散点分布，说明该品牌二手车的车价和读表数之间是反比例变化关系，也即已行驶里程数越大，二手车的售价越低。

第二部分是回归分析中主要的 EXCEL 输出结果及分析。

（1）点击工具→数据分析→回归→确定（如图 7-4）。

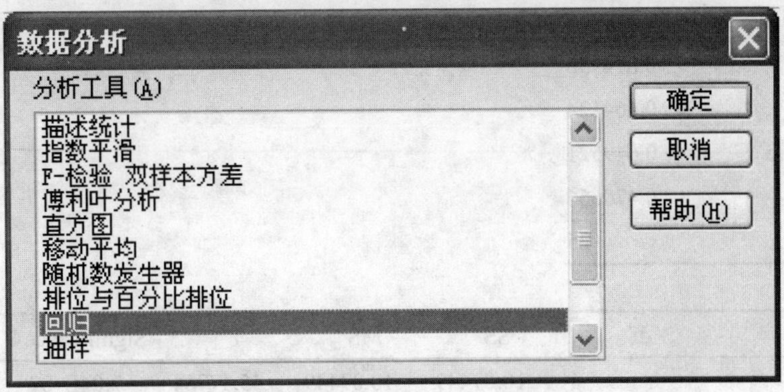

图 7–4

（2）在以下对话框中分别输入自变量和因变量，在输出选项—输出区域中可以输入 C1 或 D1，这样即可把输出结果设定在同一页上，看起来可以更方便一些。

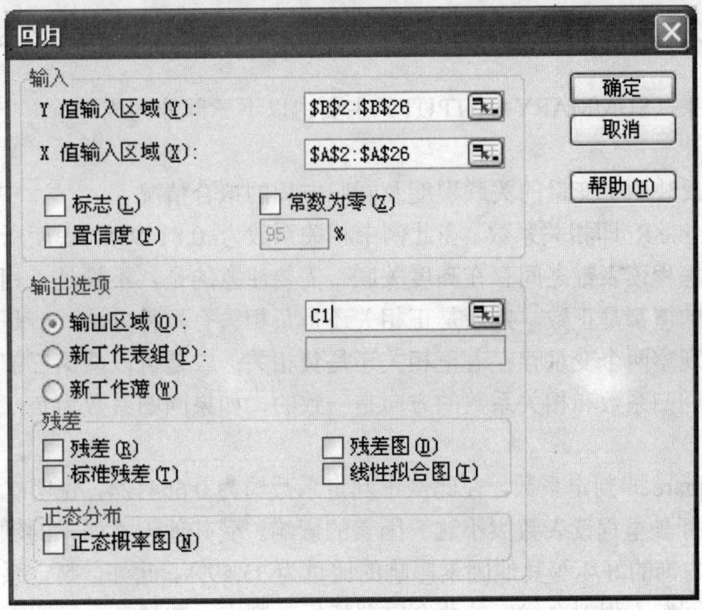

图 7–5

（3）点击确定之后，即可得出相关与回归分析中的最重要和最基本的 EXCEL 分析结果，如表 7-2 所示。

表 7–2

回归统计	
Multiple R	0.814938
R Square	0.664124
Adjusted R Square	0.649521
标准误差	0.470666
观测值	25

方差分析

	df	SS	MS	F	Significance F
回归分析	1	10.07449	10.07449	45.47764	7.04E−07
残差	23	5.095105	0.221526		
总计	24	15.1696			

	Coefficients	标准误差	t Stat	P-value	Lower 95%	Upper 95%
Intercept	19.56522	0.479287	40.82151	5.76E−23	18.57374	20.5567
X Variable 1	−0.08676	0.012866	−6.74371	7.04E−07	−0.11338	−0.06015

这一输出结果（SUMMARY OUTPUT）主要由以下三部分构成：

（1）回归统计

这部分主要反映两个变量的关联程度及回归方程的拟合情况。

表中的 Multiple R 即相关系数，在此例中相关系数为−0.814938，说明所出售的二手车的拍卖价与已行驶里程读表数之间存在高度关联。需要注意的是，不管是正相关还是负相关，表中的相关系数的值都是正数。判断是正相关还是负相关有两种方法：一是可以借助于自己的常识性判断，观察两个变量存在着正相关还是负相关；二是可以从第三部分的回归系数中得到答案。因为回归系数和相关系数的方向是一致的，如果回归系数为负，那么相关系数也必定是负值。

表中的 R Square 即判定系数，在此例中判定系数约为 0.664124，说明二手车的拍卖价有 66.41%是受到已行驶里程读表数大小这一因素的影响。受其他因素如车的颜色、车的外观保持的良好程度、内饰的好坏等其他因素影响的比重为 33.59%。此外，判定系数和回归估计标准误差都是判断回归方程拟合优度的两个重要指标。判定系数越高，说明回归方程的拟合优度就越好。

表中的标准误差 0.470666，即教科书中的 S_Y，回归估计标准误差，也是衡量回归方程拟合优度的另一个重要指标。该值越小，说明实际观测点的数值与所拟合的样本回归线的理论值之间的差异程度越小，因而样本回归直线具有较强的代表性。反之，回归估计标准误差越大，则说明理论值和实际值之间存在着较大差异，因此，用样本回归直线来拟合实际情况，其代表性较差。

（2）方差分析

这一部分是方差分析。SST 是总离差平方和，它可以分解为两个部分即 SSR 和 SSE。SSR 为回归平方和，SSE 为剩余平方和。在表 7-2 中回归平方和 SSR 为 10.07449，剩余平方和 SSE 为 5.095105，总离差平方和 SST 为 15.1696。在相关与回归分析中，估计标准误差 S_Y 是根据剩余平方和来计算的，而判定系数则是回归平方和与总离差平方和的比值。

（3）回归方程

这一部分是配合的样本回归直线的综述。

由表 7-2 结果可知，拟合的线性回归方程的截距是 19.61139，回归系数是−0.0937。因此，可得样本回归方程为：

$$\hat{Y} = 19.6114 - 0.0937X$$

回归系数是负值，说明该品牌二手车的拍卖价与已行驶里程读表数之间存在着负相关。即读表数每增加 1 千公里，拍卖价平均降低 0.08 万元。

二、模型的评价——相关与回归分析中的假设检验问题

基于相关与回归的结果，主要对总体相关系数、总体回归系数和总体回归方程进行统计上的显著性检验，以对样本回归方程的优劣进行评价。

1. 总体相关系数的假设检验

相关系数，又叫做 Pearson 相关系数，由设计者，著名的英国统计学家 Pearson 的名字来命名。当两个变量之间不存在着相关关系的时候，$\rho = 0$。因此，基于以上的样本信息资料我们可以使用假设检验的方法对总体相关情况做出推断。我们可以做的原假设和备择假设是：

$$H_0:\ \rho = 0$$

$$H_1:\ \rho \neq 0$$

下面给出对以上假设进行检验的 EXCEL 操作方法：

（1）在新建 EXCEL 文档中输入表 7-1 数据，或打开文件附表 7-1。

（2）点击工具→Data Analysis Plus，即可弹出以下对话框。

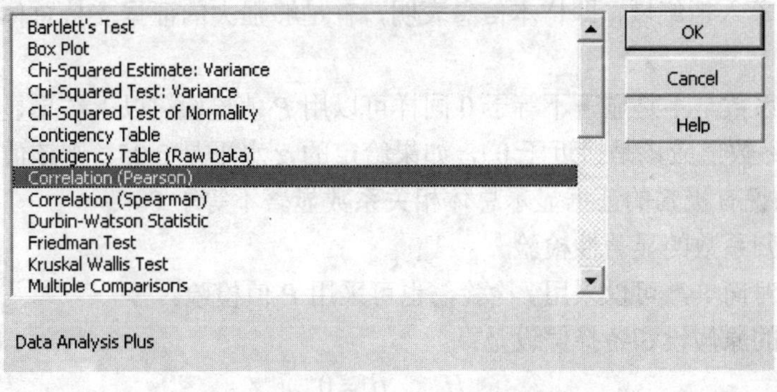

图 7–6

在以上对话框中选定 Correlation（Pearson），点击 OK，即可弹出以下对话框。

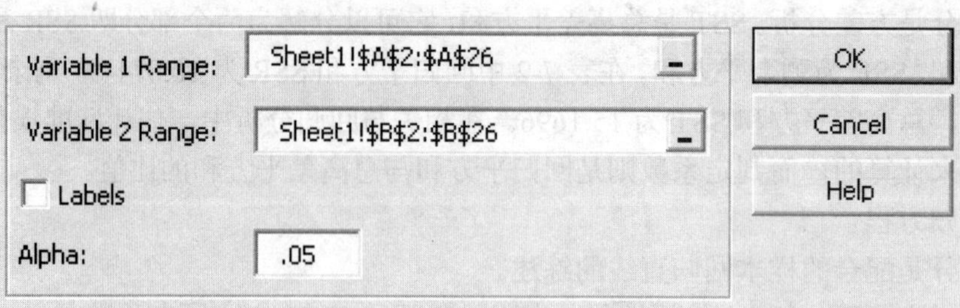

图 7–7

（3）按以上所示，分别在变量 1 数据区域（Variable 1 Range）和变量 2 数据区域（Variable 2 Range）将两组数据填入，点击 OK 即可得以下结果，如表 7-3 所示。

表 7–3

Correlation		
Column 1 and Column 2		
Pearson Coefficient of Correlation		−0.8149
t Stat		−6.7437
df		23
P（T<=t） one tail		0
t Critical one tail		1.7139
P（T<=t） two tail		0
t Critical two tail		2.0687

从表 7-3 可以看到，在双尾检验的条件下，t 的临界值是−2.068，而计算的 T 检验统计量是−6.7437，因此落入拒绝域，即样本信息表明，有足够强大的证据支持总体相关系数显著不等于 0 的结论。

对总体相关系数是不是显著不等于 0 同样可以用 P 值检验。以上结果显示在双尾检验下的 P 值为 0（实际数值应该是接近于 0），如果给定的 α 水平是 0.05，则该值远小于大大小于 $\alpha/2$，因此可以说有极强的证据显示总体相关系数显著不等于 0。

（1）总体回归系数的显著性检验

这一检验相对简单，可以采用 t 检验，也可采用 P 值检验。

我们可以做的原假设和备择假设是：

$$H_0:\ \beta_1 = 0$$
$$H_1:\ \beta_1 \neq 0$$

根据表 7-2 的资料可得：

$$P\text{值}=7.04E-07$$

如果给定的α为 0.05，则由于以上 P 值非常小，大大小于$\alpha/2$，因此有强大的证据拒绝原假设，接受备择假设，也即总体回归系数显著不等于 0。

（2）总体回归方程的显著性检验

这一检验也可使用 P 值检验。

同样，我们可以做的原假设和备择假设是：

$$H_0: \quad \beta_1=0$$
$$H_1: \quad \beta_1\neq 0$$

根据表 7-2 的资料可得：

$$P\text{值}=7.04E-07=7.04\times10^{-7}\approx 0$$

虽然这里与上面的回归系数采用 t 检验不同的是对回归方程的显著性检验采用 F 检验，但是如果使用 P 值检验，那么同样的，如果给定的α为 0.05，则由于以上 P 值非常小，大大小于$\alpha/2$，因此有强大的证据拒绝原假设，接受备择假设，也即总体回归方程显著。

（3）误差项的分析

观察误差项的分布是不是满足所给定的前提条件也是对所建立的样本回归模型进行有效性评价的一个重要方面。简单地说，误差项这个随机变量必须是有一个常量方差的正态分布，而且这些误差相互之间应该是独立的。通过 EXCEL 我们可以对误差项做一个基本的诊断。

以下是使用 EXCEL 的步骤：

(1)在第一部分的回归分析的对话框中在误差项、标准误差和残差图各项挑勾，如图 7-8。

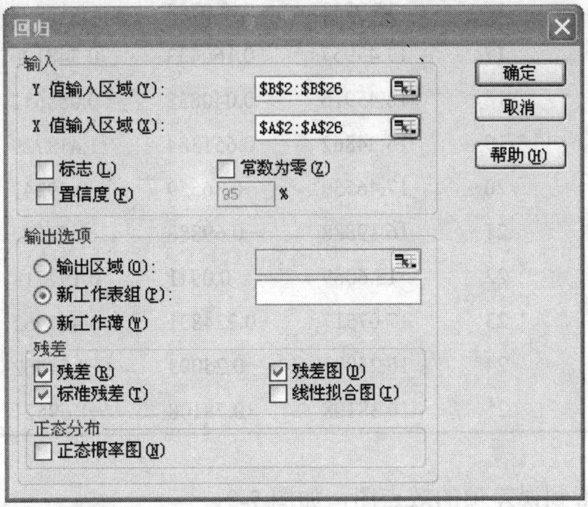

图 7–8

在点击 OK 后即可得到以下 EXCEL 分析结果，如表 7-4 所示：

表 7–4

RESIDUAL OUTPUT

观测值	预测 Y	残差	标准残差
1	16.32034	−0.32034	−0.69526
2	15.67831	−0.47831	−1.0381
3	15.59155	−0.59155	−1.28386
4	16.88429	0.515707	1.119262
5	16.81488	0.585116	1.269904
6	16.61533	−0.51533	−1.11845
7	15.58287	0.117128	0.254209
8	17.90808	−0.40808	−0.88567
9	16.08609	0.513912	1.115367
10	16.07741	0.122588	0.266058
11	16.75415	0.045849	0.099508
12	15.7911	0.208901	0.453387
13	16.72812	0.671877	1.458206
14	16.57195	0.828048	1.797151
15	16.29432	−0.29432	−0.63877
16	15.9733	−0.0733	−0.15908
17	17.43957	0.160433	0.348196
18	16.45916	0.040838	0.088632
19	15.34862	0.651384	1.413729
20	17.46559	−0.36559	−0.79347
21	16.19888	−0.69888	−1.51681
22	15.6089	0.0911	0.197718
23	17.07517	0.224831	0.487962
24	16.25093	−0.25093	−0.54462
25	16.38108	−0.78108	−1.69521

同时还可以得到误差项的散点图，如图 7-9：

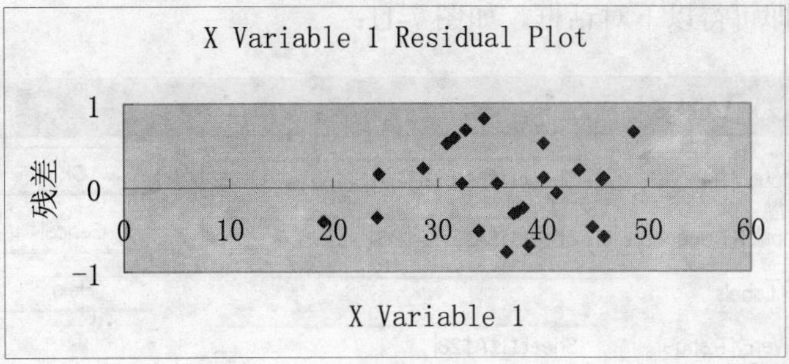

图 7–9

对以上各项误差项的分析可以让我们确定误差项这个随机变量满足误差项的各个假定前提条件。从以上散点图更直观地可以看到，误差项基本能满足假定前提条件，即它应该是一个数学期望值为零且具有一个常量方差的独立变量。

三、应用模型进行估计

在建立了样本回归模型后，我们可以利用所建立的模型对在给定的 X 值下的理论 Y 值进行估计。这一估计既可以是点估计，也可以是区间估计。

1. 点估计

$$\hat{Y}=19.5652-0.0867X=19.5652-0.0867\times 40=16.09$$

当 X 为 40（千公里）时，根据样本回归直线可得点估计数值，也即拍卖价为 16.09 万元。

2. 区间估计

区间估计是在点估计的基础上，在一定的置信水平下，在给定的自变量水平下对因变量的估计值给出一个置信区间。

而预测区间则可由 EXCEL 的相关功能获得。

以下是操作步骤：

（1）打开附表 7-1，在 A28 中输入 40。

（2）点击工具→Data Analysis Plus，即可弹出以下对话框，如图 7-10。

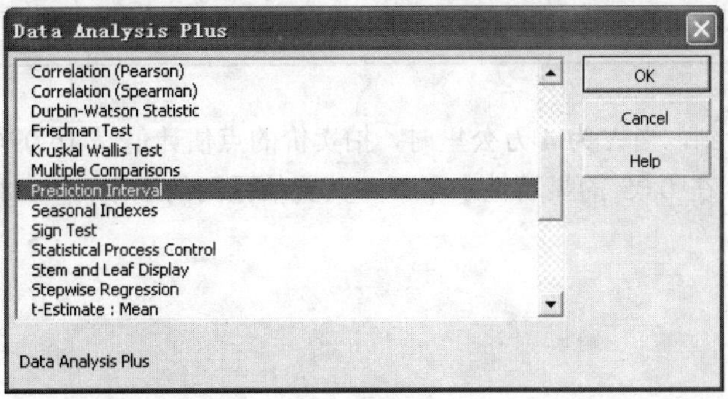

图 7–10

点击 OK 即可得以下对话框，如图 7-11：

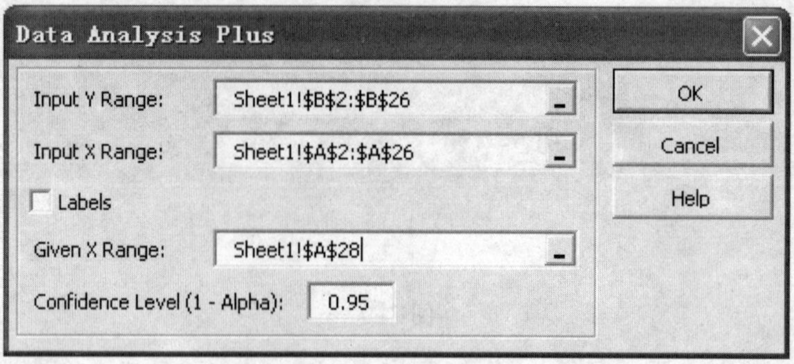

图 7–11

按以上所示，在对话框中分别填入变量 X 和变量 Y 的相关数据，在 Given X Range 中填入 A28，即可得如下区间估计结果，如表 7-5：

表 7–5

Prediction Interval			
		Dependent Variable	
Predicted value		16.09476	
Prediction Interval			
Lower limit		15.09755	
Upper limit		17.09198	
Interval Estimate of Expected Value			
Lower limit		15.87922	
Upper limit		16.31031	

从表 7-5 可以看到，当 X 为 4 万公里时，拍卖价的点估计值是 16.09497 万元。如果用区间估计的方法，那么在 0.05 的显著性水平下，其置信区间的下限为 15.87922 万元，上限为 16.31031 万元。

第二节　多元相关与回归分析

以上的简单回归分析虽然自变量只有一个，但其方法和原理却是所有相关与回归分析的基础。但在实际工作中，简单相关与回归的应用因为自变量只有一个而受到限制。在很多情形下需要使用多元相关与回归分析。比如我们研究股票市场价格的变动，我们通常可以观察到多个主要的影响变量，比如利率水平的变动、经济增长率的变动、通货膨胀水平的变化、汇率的变化等。这种在自变量有多个的情形下对某一因变量的变动进行的分析为多元相关与回归分析。

【例 7-2】某品牌的石灰板产品主要用于家庭和办公室的墙面和房顶装修。为提高产品的销售量，该公司经理认真研究了影响石灰板销售的多个因素并把它们罗列出来：

（1）该地区新开工的建设项目的面积总数。

（2）5 年的抵押贷款利率。

（3）公寓的空置率。

（4）写字楼的空置率。

他将收集到的这一地区近两年来上述因素的月度数据用表 7-6 表示：

表 7–6

石灰板销售量（万片）	新开工的面积数（万平米）	抵押贷款利率（%）	居民住宅楼空置率（%）	办公楼空置率（%）
328	49	8.35	2.98	13.43
376	79	8.08	5.6	14.51
373	79	7.9	2.25	14.24
144	50	7.69	4.26	14.3
194	37	7	2.6	11.64
220	53	7.32	2.97	10.61
126	22	8.4	5.35	18.45
301	69	8.28	3.13	18.52
54	21	8	5.6	10.29
252	46	8.95	4.81	11.91
381	79	8.21	5.88	17.75
173	30	7.24	2.98	18.16
152	38	7.35	5.69	17.14
351	73	7.27	4.86	16.11

续表

石灰板销售量（万片）	新开工的面积数（万平米）	抵押贷款利率（%）	居民住宅楼空置率（%）	办公楼空置率（%）
233	55	7.08	5.68	18.54
35	12	7.76	4.46	19.46
290	62	8.21	2.23	19.26
5	12	7.76	5	17.28
335	60	7.2	2.42	15.15
280	49	7.57	3.25	19.94
101	14	8.44	3.61	15.47
297	66	8.43	2.13	12.75
309	62	8.14	4.35	12.24
233	40	8.81	2.31	18.65

试根据上述资料对该产品的销售进行相关与回归分析。

以下是使用 EXCEL 获取分析结果的步骤：

（1）将上述资料输入新建的 EXCEL 文档或打开文件附表 7-6。

（2）点击工具→数据分析→回归→确定，即可弹出以下对话框。

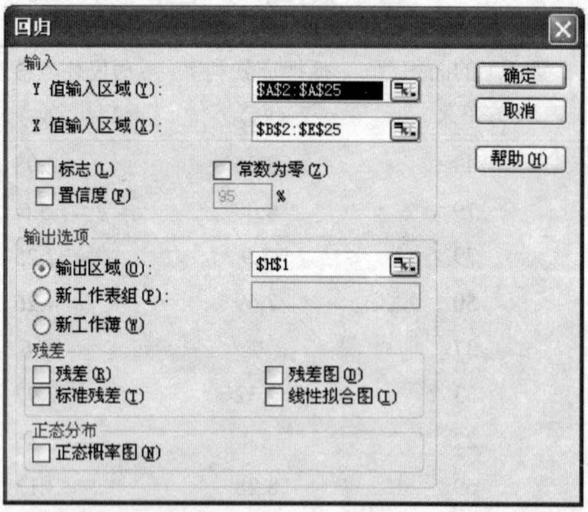

图 7–12

在上述对话框中点确定即可得到 EXCEL 分析结果综述，如表 7-7 所示：

表 7–7

SUMMARY OUTPUT

回归统计	
Multiple R	0.945262
R Square	0.893521
Adjusted R Square	0.871104
标准误差	40.13239
观测值	24

方差分析

	df	SS	MS	F	Significance F
回归分析	4	256793.4	64198.35	39.85969	5.45E−09
残差	19	30601.56	1610.608		
总计	23	287395			

	Coefficients	标准误差	t Stat	P-value	Lower 95%	Upper 95%
Intercept	−111.828	134.3427	−0.83241	0.415521	−393.01	169.3549
X Variable 1	4.763052	0.395047	12.05691	2.39E−10	3.936208	5.589896
X Variable 2	16.98854	15.15863	1.120718	0.276374	−14.7388	48.71591
X Variable 3	−10.5278	6.394431	−1.6464	0.116123	−23.9115	2.855923
X Variable 4	1.30794	2.790775	0.468665	0.644641	−4.53322	7.149099

根据上述 EXCEL 输出结果可得多元回归方程如下

$$\hat{Y} = -111.828 + 4.7631X_1 + 16.9885X_2 - 10.5278X_3 + 1.3079X_4$$

以上回归方程表明，在影响石灰板销售量的诸多因素中，开工面积、5 年抵押贷款利率、办公室的空置率与其销售量成正比，而住宅楼空置率与其销售量成反比。

一、模型的评价

1. 判定系数

$$\text{调整后的 } R^2 = 1 - \frac{SSE/(n-k-1)}{SST(n-1)}$$

如果用调整后的 R Square 表示，从表 7-7 可以得到该项指标的数值为 0.8711，说明该模型的拟合优度良好。在影响石灰板销售量大小的所有因素中，受以上已探明因素即新开工面积、五年抵押贷款利率、住宅楼空置率和办公楼空置率这些因素影响的比重为 87.11%。受其他未探明因素影响的程度为 13%左右。

2. 估计标准误

$$S_E = \sqrt{\frac{SSE}{n-k-1}} = 40.1324$$

3. 回归分析中的一些参数的检验

因为这是多元回归分析，所以如果对总体回归系数进行检验，那么检验的回归系数就有 4 个，即 β_1、β_2、β_3、β_4。

检验的方法是对以上参数分开一一检验。在这个例子中我们可以使用 P 值检验的方法对以上总体参数进行检验。假定显著性水平为 10%，那么根据表 7-7 的输出结果，只有 β_1 可以通过检验，它的 P 值为 2.39×10^{-10}，非常非常小，小到接近于 0。因此我们可以说有强大的证据表明开工面积和石灰板的销售量之间存在着线性相关关系。其他几个因素中只有住宅空置率这个因素的 P 值较小，接近 10%，勉强可以通过假设检验。另外两个因素 5 年抵押贷款利率和办公楼空置率的检验值 P 值较大，说明没有足够的证据表明它们与石灰板销售量之间存在线性相关关系。

二、利用模型进行预测

就像在简单线性相关与回归中所阐述的那样，在建立了多元回归模型后，我们同样可以使用这一模型进行预测分析。

在上例中如果新开工面积是 50 万平方米，5 年期抵押存款利率为 8%，居民住宅空置率为 3%，写字楼空置率为 8%，那么请预测该石灰板的销售量是多少？

以下是实验步骤：

（1）打开附表 7-7，在 B26、C26、D26、E26 中分别输入 50、8、3、15。

（2）点击工具→Data Analysis Plus，即可弹出以下对话框，如图 7-13。

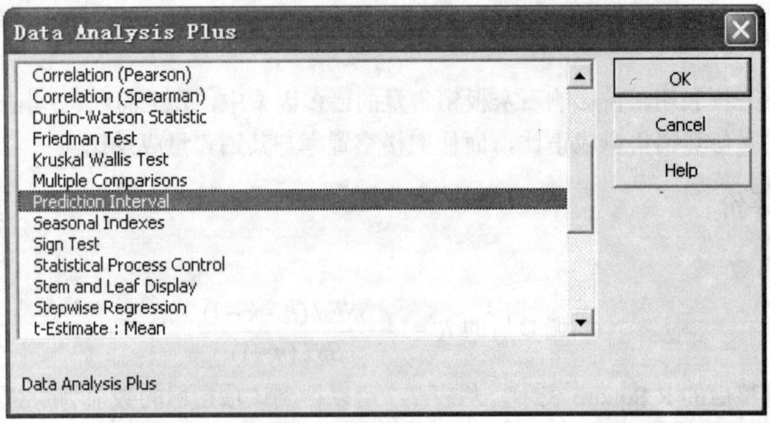

图 7–13

点击 OK 即可得以下对话框，如图 7-14：

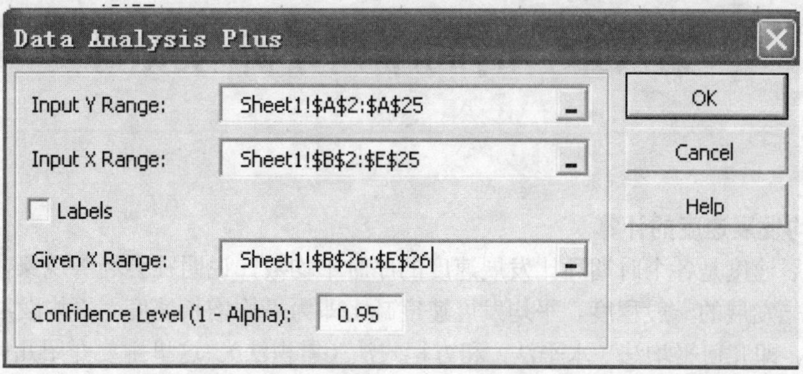

图 7–14

在以上对话框中的因变量 Y 栏输入 A2：A25，在自变量栏中输入相关的 4 个自变量的数值，即 B2：E25，在给定的自变量数值即"Given X Range"中分别将以上的 B26—E26 的 4 个数据定义进去，点击确定即可得到预测结果如下表（表 7-8）所示：

表 7–8

Prediction Interval	
	Dependent Variable
Predicted value	250.2691
Prediction Interval	
Lower limit	163.5571
Upper limit	336.9811
Interval Estimate of Expected Value	
Lower limit	228.7446
Upper limit	271.7936

以上结果显示，当新开工面积是 50 万平方米，5 年期抵押存款利率为 8%，居民住宅空置率为 3%，写字楼空置率为 8%，那么可以预测该石灰板的销售量是 250.2691 万片。这是点估计的数值。如果是区间估计，那么在 95%的置信概率下，可以估计该石灰板的销售量在 163.5571 到 336.9811 万片之间。

第八章　时间序列分析与预测

实验 1：平均发展速度的计算

平均发展速度是各个时期环比发展速度的序时平均数，说明社会经济现象在一段较长时间内逐期变化发展的一般程度。平均发展速度减 1 即为平均增长速度。平均发展速度的计算有两种方法，即几何平均法（水平法）和方程式法（累积法）。这里主要介绍几何平均法，其计算公式为：

$$\overline{x}=\sqrt[n]{\frac{a_1}{a_0}\cdot\frac{a_2}{a_1}\cdot\frac{a_3}{a_2}\cdots\frac{a_n}{a_{n-1}}}=\sqrt[n]{\frac{a_n}{a_0}}$$

其中，a_0 为初期水平，a_n 为末期水平。

一、实验目的

熟悉 EXCEl 中平均发展速度的计算，掌握其基本操作方法，能够运用 EXCEl 计算序列的平均发展速度。

二、实验步骤

点击[插入]→[函数]，调出“插入函数”对话框，选择 Power 函数，调出“函数参数”对话框，在 Number 中给出根号内的底数，在 Power 中给出 $1/n$ 的值，点击确定。

三、实验例题

【例 8-1】某地区 2000～2005 年固定资产投资资料如表 8-1，用几何平均法计算各年平均发展速度。

表 8–1

年份	2000	2001	2002	2003	2004	2005
固定资产投资（百万元）	1074	1176	1343	1574	1551	1702

（1）将数据输入到 EXCEl 工作表中，A1 中输入“年份”，A2 到 A7 中输入 2000～2005，B1 中输入“固定资产投资（百万元）”，B2 到 B7 中输入 2000～2005 年的固定资产投资数据。

（2）在 C7 单元格中输入“＝B7/B2”，按回车，C7 单元格显示 1.58473，为 $\frac{a_n}{a_0}$ 的值。然后点击[插入]→[函数]，调出“插入函数”对话框，选择 Power 函数，如图 8-1 所示：

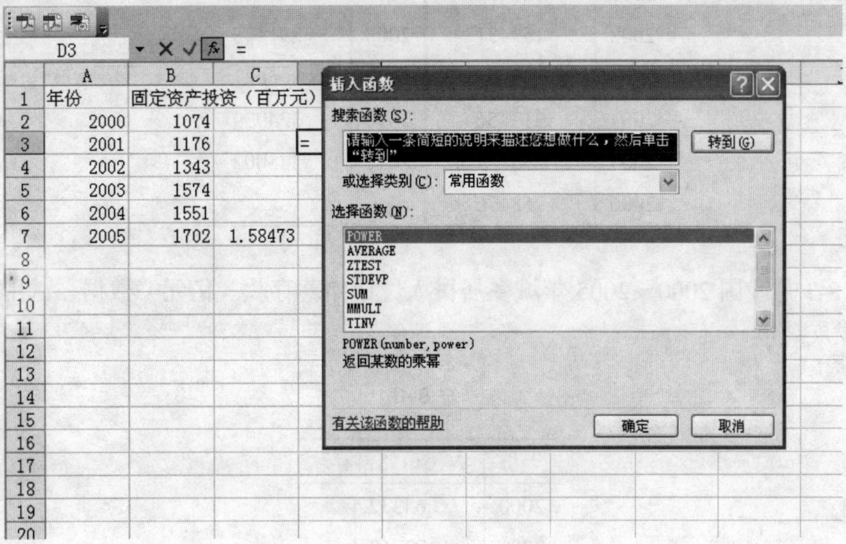

图 8–1

（3）点击“确定”，调出“函数参数”对话框，在 Number 中输入 C7，在 Power 中输入 1/5，如图 8-2：

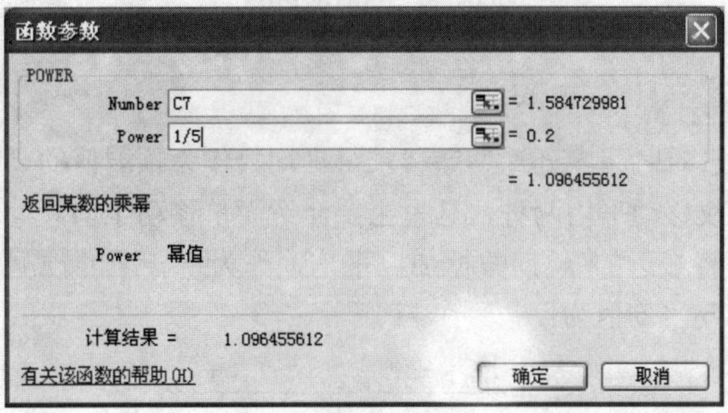

图 8–2

计算结果显示 1.096456，即平均发展速度为 109.6456%。

四、课后练习

1．近年来，我国能源消费迅猛增长，目前已成为世界第一大能源消费国。试根据表 8-2 中我国 2001～2011 年能源消费总量（万吨标准煤）数据，计算该期间我国能源消费总量的年均发展速度。

表 8–2

年份	能源消费总量	年份	能源消费总量
2001	150406	2007	280508
2002	159431	2008	291448
2003	183792	2009	306647
2004	213456	2010	324939
2005	235997	2011	348002
2006	258676		

2．表 8-3 是我国 2000～2005 年城乡居民人民币储蓄存款（亿元）数据，试用 EXCEl 计算其平均发展速度。

表 8–3

年份	人民币储蓄存款
2000	64332.4
2001	73762.4
2002	86910.7
2003	103617.7
2004	119555.4
2005	141051.0

实验 2：移动平均数的计算

移动平均法是通过对时间序列逐期递移求得平均数作为预测值的一种预测方法，其方法有简单移动平均和加权移动平均两种，这里主要介绍简单移动平均。

简单移动平均是将最近的 k 期数据加以平均，作为下一期的预测值。设移动间隔为 k（$1<k<t$），则 t 期的移动平均值为：

$$\overline{Y}_t=\frac{Y_{t-k+1}+Y_{t-k+2}+\cdots Y_{t-1}+Y_t}{k}$$

也可以用该平均值来预测，t+1 期的简单移动平均预测值为：

$$F_{t+1}=\overline{Y}_t=\frac{Y_{t-k+1}+Y_{t-k+2}+\cdots Y_{t-1}+Y_t}{k}$$

同样，t+2 期的预测值为：

$$F_{t+2}=\overline{Y}_{t+1}=\frac{Y_{t-k+2}+Y_{t-k+3}+\cdots Y_t+Y_{t+1}}{k}$$

依此类推。

移动平均法只使用最近 k 期的数据，在每次计算移动平均值时，移动的间隔都为 k。该方法适合较为平稳的时间序列的预测。应用时，关键是确定合理的移动间隔 k。对于同一时间序列，采用不同的移动间隔预测的准确性是不同的。可通过试验的方法，选择一个使均值误差达到最小的移动间隔。

一、实验目的

熟悉 EXCEl 中移动平均数的计算，掌握其基本操作方法，能够运用 EXCEl 对数据进行移动平均预测。

二、实验步骤

点击[工具]→[数据分析]，调出“数据分析”对话框，选择“移动平均”选项，调出“移动平均”对话框，给出数据区域、间隔、输出区域，点击确定。

三、实验例题

【例 8-2】表 8-4 为我国 1990～2011 年居民消费价格指数数据，分别取移动间隔为 3 和 5，用 EXCEl 计算各期的居民消费价格指数的预测值，并将原序列和预测后的序列绘制成图形进行比较。

表 8–4

年份	CPI	年份	CPI
1990	103.1	2001	100.7
1991	103.4	2002	99.2
1992	106.4	2003	101.2
1993	114.7	2004	103.9
1994	124.1	2005	101.8
1995	117.1	2006	101.5
1996	108.3	2007	104.8
1997	102.8	2008	105.9
1998	99.2	2009	99.3
1999	98.6	2010	103.3
2000	100.4	2011	105.4

（1）将数据输入到 EXCEl 工作表中，A1 中输入“年份”，A2 到 A23 中输入 1990～2011，B1 中输入“CPI”，B2 到 B23 中输入 1990～2011 年的 CPI 数据。

（2）点击[工具]→[数据分析]，调出“数据分析”对话框，选择“移动平均”选项，弹出“移动平均”对话框，如图 8-3：

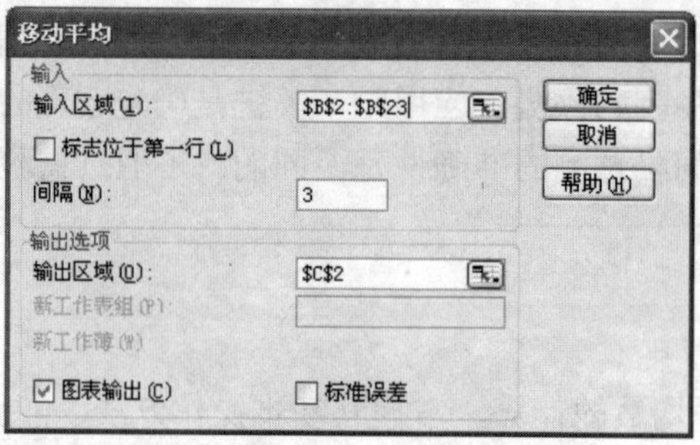

图 8–3

（3）输入数据区域 B2:B23，间隔为 3，输出区域中输入 C2，选中“图表输出”复选框，点击“确定”，输出结果见图 8-4：

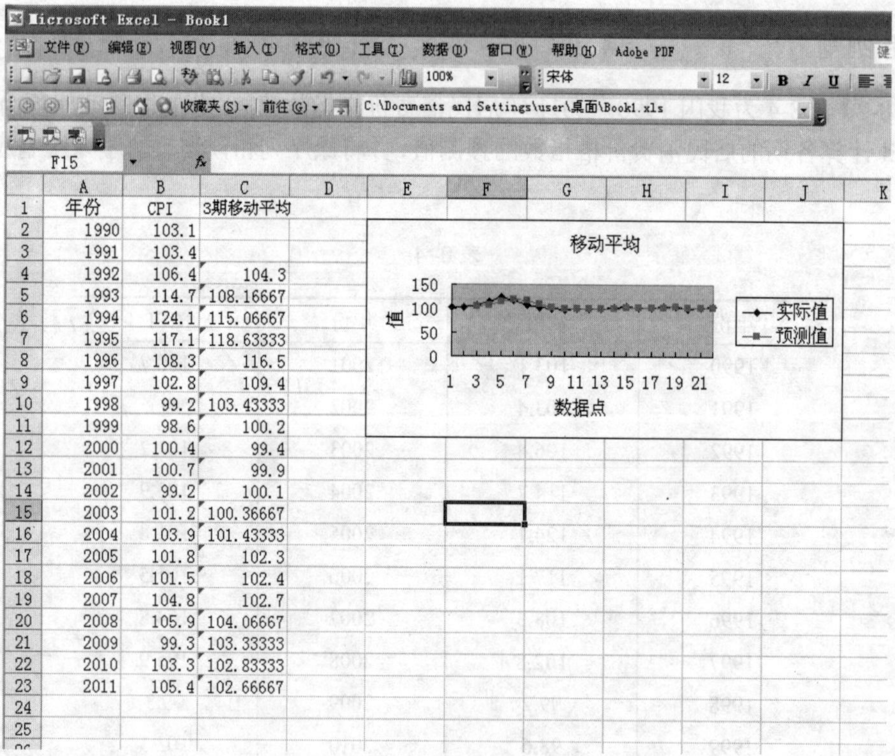

	A	B	C
1	年份	CPI	3期移动平均
2	1990	103.1	
3	1991	103.4	
4	1992	106.4	104.3
5	1993	114.7	108.16667
6	1994	124.1	115.06667
7	1995	117.1	118.63333
8	1996	108.3	116.5
9	1997	102.8	109.4
10	1998	99.2	103.43333
11	1999	98.6	100.2
12	2000	100.4	99.4
13	2001	100.7	99.9
14	2002	99.2	100.1
15	2003	101.2	100.36667
16	2004	103.9	101.43333
17	2005	101.8	102.3
18	2006	101.5	102.4
19	2007	104.8	102.7
20	2008	105.9	104.06667
21	2009	99.3	103.33333
22	2010	103.3	102.83333
23	2011	105.4	102.66667

图 8–4

图中，C 列第一个数 104.3 就是 1990、1991 和 1992 年 3 年的平均数，用它作为 1993 年的预测值；C 列最后一个数 102.67 作为 2012 年的预测值。

（4）重复上面的步骤，采取间隔为 5，计算移动平均，结果如图 8-5：

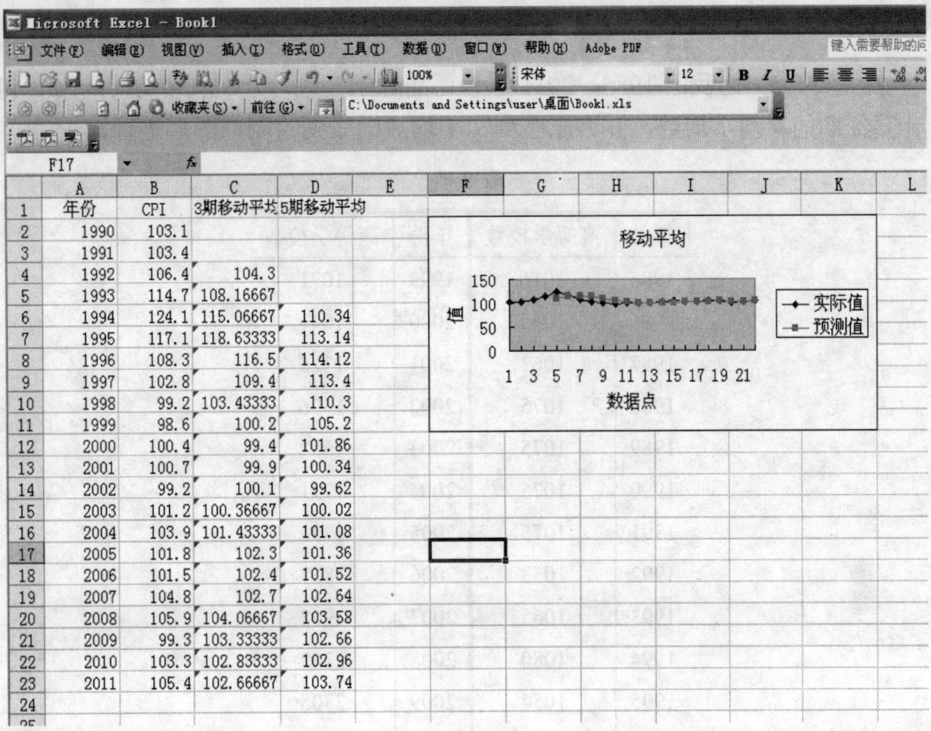

	A	B	C	D
1	年份	CPI	3期移动平均	5期移动平均
2	1990	103.1		
3	1991	103.4		
4	1992	106.4	104.3	
5	1993	114.7	108.16667	
6	1994	124.1	115.06667	110.34
7	1995	117.1	118.63333	113.14
8	1996	108.3	116.5	114.12
9	1997	102.8	109.4	113.4
10	1998	99.2	103.43333	110.3
11	1999	98.6	100.2	105.2
12	2000	100.4	99.4	101.86
13	2001	100.7	99.9	100.34
14	2002	99.2	100.1	99.62
15	2003	101.2	100.36667	100.02
16	2004	103.9	101.43333	101.08
17	2005	101.8	102.3	101.36
18	2006	101.5	102.4	101.52
19	2007	104.8	102.7	102.64
20	2008	105.9	104.06667	103.58
21	2009	99.3	103.33333	102.66
22	2010	103.3	102.83333	102.96
23	2011	105.4	102.66667	103.74

图 8–5

图中，D 列第一个数 110.34 是 1990～1994 年 5 年的平均数，用它作为 1995 年的预测值；D 列最后一个数 103.74 作为 2012 年的预测值。

（5）将原序列、3 项移动平均预测序列和 5 项移动平均预测序列绘制成一张图，如图 8-6 所示：

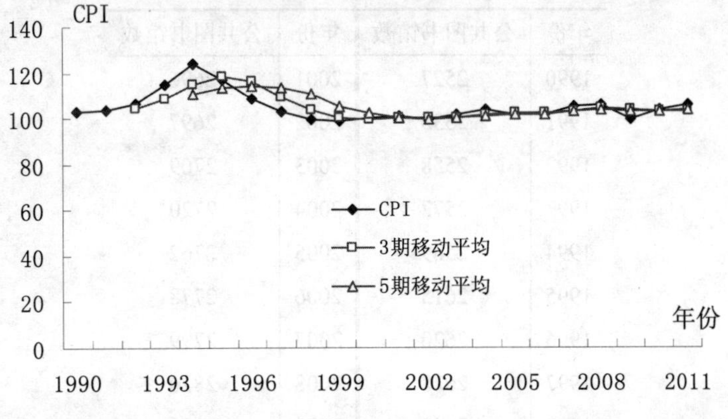

图 8–6

对比发现，所选择的移动项数越多，预测序列越平滑，但也越短。

四、课后练习

1．下表（表 8-5）为我国 1985～2011 年普通高等学校数，分别取移动间隔为 3 和 5，用 EXCEl 计算各期的移动平均数，并将原序列和平均后的序列绘制成图形进行比较。

表 8–5

年份	高等学校数	年份	高等学校数
1985	1016	1999	1071
1986	1054	2000	1041
1987	1063	2001	1225
1988	1075	2002	1396
1989	1075	2003	1552
1990	1075	2004	1731
1991	1075	2005	1792
1992	1053	2006	1867
1993	1065	2007	1908
1994	1080	2008	2263
1995	1054	2009	2305
1996	1032	2010	2358
1997	1020	2011	2409
1998	1022		

2．下表（表 8-6）为我国 1990～2011 年公共图书馆数据，取移动间隔为 3，用 EXCEl 计算各期的移动平均数，并预测 2012 年的公共图书馆个数。

表 8–6

年份	公共图书馆数	年份	公共图书馆数
1990	2527	2001	2696
1991	2535	2002	2697
1992	2558	2003	2709
1993	2572	2004	2720
1994	2589	2005	2762
1995	2615	2006	2778
1996	2620	2007	2799
1997	2628	2008	2820
1998	2662	2009	2850
1999	2669	2010	2884
2000	2675	2011	2952

实验 3：指数平滑预测

指数平滑有一次指数平滑、二次指数平滑、三次指数平滑等。这里主要介绍一次指数平滑。指数平滑法是以时间序列预测期之前所有观测值的加权平均数作为预测值的一种方法，即：

$$\hat{y}_{t+1} = S_t^{(1)} = \sum_{i=1}^{\infty} \alpha(1-\alpha)^i y_{t-i} = \alpha y_t + \alpha(1-\alpha)y_{t-1} + \alpha(1-\alpha)^2 y_{t-2} + \cdots \quad (1)$$

式中，$0<\alpha<1$，称为平滑系数，$1-\alpha$ 称为阻尼系数。各期的权数 $\alpha(1-\alpha)^i$ 是一个由近及远呈指数衰减的无穷等比数列，说明观察时间越远，其权数也跟着呈现指数下降，因而称为指数平滑。根据等比数列的求和公式，可以证明各期的权数之和为 1。$S_t^{(1)}$ 是 t 期的一次指数平滑值，它是 t 期及其之前各期所有指标的加权平均数，用它作为 $t+1$ 期的预测值。

显然，指数平滑法综合了各期数据对预测值的影响，克服了移动平均法舍弃远期信息的损失。

根据（1）式，可得 t 期的预测值即 $t-1$ 期的指数平滑值为：

$$\hat{y}_t = S_{t-1}^{(1)} = \alpha y_{t-1} + \alpha(1-\alpha)y_{t-2} + \alpha(1-\alpha)^2 y_{t-3} + \cdots \quad (2)$$

两边同乘 $1-\alpha$，得：

$$(1-\alpha)\hat{y}_t = (1-\alpha)S_{t-1}^{(1)} = \alpha(1-\alpha)y_{t-1} + \alpha(1-\alpha)^2 y_{t-2} + \alpha(1-\alpha)^3 y_{t-3} + \cdots \quad (3)$$

用式（1）减去式（3），可得指数平滑法的一般公式，即：

$$S_t^{(1)} - (1-\alpha)S_{t-1}^{(1)} = \alpha y_t \Rightarrow S_t^{(1)} = \alpha y_t + (1-\alpha)S_{t-1}^{(1)} \quad (4)$$

式中，$S_t^{(1)}=\hat{y}_{t+1}$，是 $t+1$ 期的预测值，$S_{t-1}^{(1)}=\hat{y}_t$，是 t 期的预测值。因此，（4）式等价于：

$$\hat{y}_{t+1} = \alpha y_t + (1-\alpha)\hat{y}_t$$

即 $t+1$ 期的预测值等于 t 期实际值与 t 期预测值的加权平均值。

用指数平滑进行预测时，需要注意以下两点：

首先，是平滑初始值 $S_0^{(1)}$ 的确定。一般情况下，经过多期的平滑计算，初始值的影响越来越小，可以取 $S_0^{(1)}=y_1$ 作为近似值进行计算。

其次，是平滑系数 α 的确定。平滑系数的取值大小，关系着预测的准确性。若时间序列平稳度较高，则各期指标值对预测值的影响越平均，各期权数的衰减速度就应小些，那么平滑系数就应取较小值，一般取 $0.1<\alpha<0.3$；若时间序列的波动幅度较大，则远期值对预测值的影响就越小，相应的平滑系数就应取较大值。在实际操作中，没有什么标准来决定平滑系数的正确取值，一般需要多试几种不同的 α 值，再取预测误差较小的 α 来建立指数平滑模型进行预测。

一、实验目的

熟悉 EXCEl 中指数平滑的计算，掌握其基本操作方法，能够运用 EXCEl 对数据进行指数平滑预测。

二、实验步骤

点击[工具]→[数据分析]，调出“数据分析”对话框，选择“指数平滑”选项，调出“指数平滑”对话框，给出数据区域、阻尼系数、输出区域，点击确定。

三、实验例题

表 8-7 为我国 1990～2011 年城镇居民恩格尔系数数据，选择平滑系数为 0.3 和 0.5，采用 EXCEl 进行指数平滑预测，计算出预测误差，并将原序列和预测后的序列绘制成图形进行比较。

表 8–7

年份	恩格尔系数%	年份	恩格尔系数%
1990	54.2	2001	38.2
1991	53.8	2002	37.7
1992	53.0	2003	37.1
1993	50.3	2004	37.7
1994	50.0	2005	36.7
1995	50.1	2006	35.8
1996	48.8	2007	36.3
1997	46.6	2008	37.9
1998	44.7	2009	36.5
1999	42.1	2010	35.7
2000	39.4	2011	36.3

（1）将数据输入到 EXCEl 工作表中，A1 中输入“年份”，A2 到 A23 中输入 1990～2011，B1 中输入“恩格尔系数%”，B2 到 B23 中输入 1990～2011 年的恩格尔系数数据。

（2）点击[工具]→[数据分析]，调出“数据分析”对话框，选择“指数平滑”选项，弹出“指数平滑”对话框，输入数据区域 B2:B23，阻尼系数为 0.7（平滑系数为 0.3），输出区域中输入 C2，选中“图表输出”复选框。如图 8-7：

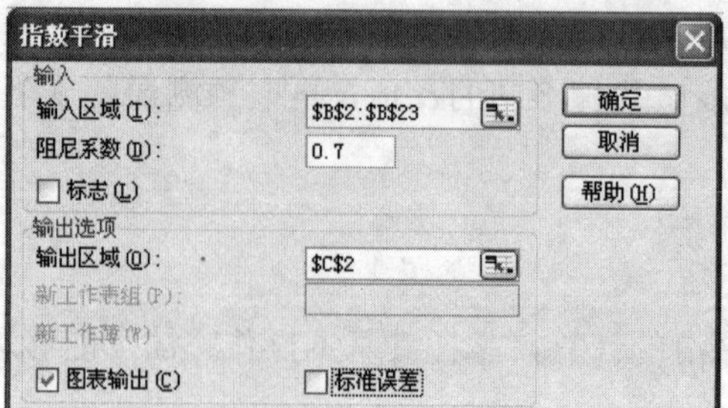

图 8–7

（3）点击“确定”，然后在 D3 单元格中输入“＝B3-C3”（计算预测误差），输出结果如图 8-8 所示：

	A	B	C	D	E	F
1	年份	恩格尔系数%	平滑系数0.3	预测误差		
2	1990	54.2				
3	1991	53.8	54.2	-0.4		
4	1992	53.0	54.1	-1.1		
5	1993	50.3	53.8	-3.5		
6	1994	50.0	52.7	-2.7		
7	1995	50.1	51.9	-1.8		
8	1996	48.8	51.4	-2.6		
9	1997	46.6	50.6	-4.0		
10	1998	44.7	49.4	-4.7		
11	1999	42.1	48.0	-5.9		
12	2000	39.4	46.2	-6.8		
13	2001	38.2	44.2	-6.0		
14	2002	37.7	42.4	-4.7		
15	2003	37.1	41.0	-3.9		
16	2004	37.7	39.8	-2.1		
17	2005	36.7	39.2	-2.5		
18	2006	35.8	38.4	-2.6		
19	2007	36.3	37.6	-1.4		
20	2008	37.9	37.2	0.7		
21	2009	36.5	37.4	-0.9		
22	2010	35.7	37.2	-1.5		
23	2011	36.3	36.7	-0.4		
24						

图 8-8

图中，C 列为指数平滑预测值，D 列为预测误差。

（4）重复上面的步骤，选择阻尼系数为 0.5（平滑系数为 0.5），在 E 和 F 两列计算指数平滑预测值和预测误差，结果如下（图 8-9）：

	A	B	C	D	E	F	G	H
1	年份	恩格尔系数%	平滑系数0.3	预测误差	平滑系数0.5	预测误差		
2	1990	54.2						
3	1991	53.8	54.2	-0.4	54.2	-0.4		
4	1992	53.0	54.1	-1.1	54.0	-1.0		
5	1993	50.3	53.8	-3.5	53.5	-3.2		
6	1994	50.0	52.7	-2.7	51.9	-1.9		
7	1995	50.1	51.9	-1.8	51.0	-0.9		
8	1996	48.8	51.4	-2.6	50.5	-1.8		
9	1997	46.6	50.6	-4.0	49.6	-3.1		
10	1998	44.7	49.4	-4.7	48.1	-3.5		
11	1999	42.1	48.0	-5.9	46.4	-4.3		
12	2000	39.4	46.2	-6.8	44.2	-4.8		
13	2001	38.2	44.2	-6.0	41.8	-3.6		
14	2002	37.7	42.4	-4.7	40.0	-2.3		
15	2003	37.1	41.0	-3.9	38.8	-1.7		
16	2004	37.7	39.8	-2.1	38.0	-0.3		
17	2005	36.7	39.2	-2.5	37.8	-1.1		
18	2006	35.8	38.4	-2.6	37.3	-1.5		
19	2007	36.3	37.6	-1.4	36.5	-0.2		
20	2008	37.9	37.2	0.7	36.4	1.5		
21	2009	36.5	37.4	-0.9	37.2	-0.6		
22	2010	35.7	37.2	-1.5	36.8	-1.1		
23	2011	36.3	36.7	-0.4	36.3	0.0		
24								
25								

图 8-9

对比预测误差发现，平滑系数α为 0.5 时预测效果较好。但用一次指数平滑进行预测时，一般α取值不大于 0.5。若α大于 0.5 才能接近实际值，通常说明序列有某种趋势或波动较大，一般不适合用指数平滑法进行预测。

（5）将不同α下的预测值和实际观察值绘制成图形，如图 8-10 所示：

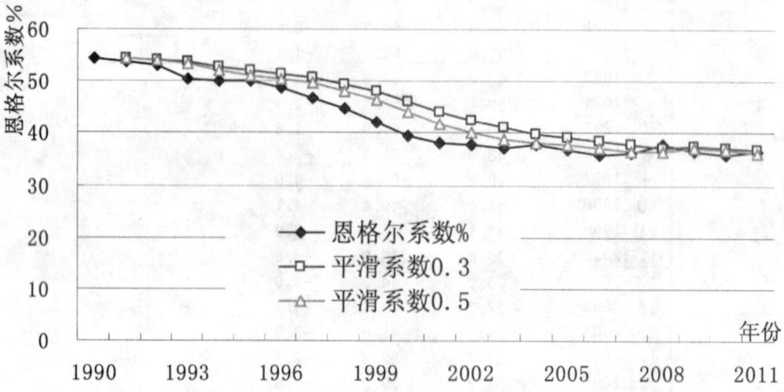

图 8–10

从图形也可看出，平滑系数为 0.5 时预测曲线更接近实际曲线。

四、课后练习

1. 下表（表 8-8）是我国 1990～2011 年私人汽车拥有量（万辆）数据，选择平滑系数为 0.3 和 0.7，采用 EXCEl 进行指数平滑预测，计算出预测误差，并将原序列和预测后的序列绘制成图形进行比较。

表 8–8

年份	私人汽车拥有量	年份	私人汽车拥有量
1990	81.62	2001	770.78
1991	96.04	2002	968.98
1992	118.20	2003	1219.23
1993	155.77	2004	1481.66
1994	205.42	2005	1848.07
1995	249.96	2006	2333.32
1996	289.67	2007	2876.22
1997	358.36	2008	3501.39
1998	423.65	2009	4574.91
1999	533.88	2010	5938.71
2000	625.33	2011	7326.79

2．下表（表 8-9）是我国 2000～2011 年水资源总量（亿立方米）数据，选择平滑系数为 0.2 和 0.4，采用 EXCEl 对 2012 年我国水资源总量进行指数平滑预测。

表 8–9

年份	水资源总量
2000	27700.8
2001	26867.8
2002	28261.3
2003	27460.2
2004	24129.6
2005	28053.1
2006	25330.1
2007	25255.2
2008	27434.3
2009	24180.2
2010	30906.4
2011	23258.5

南开大学出版社网址：http://www.nkup.com.cn

投稿电话及邮箱：022-23504636　　QQ：1760493289
QQ：2046170045(对外合作)
邮购部：022-23507092
发行部：022-23508339　　Fax：022-23508542

南开教育云：http://www.nkcloud.org

App：南开书店 app